KB072239

유리로된아이

미하엘 빈터호프 지음 | 한윤진 옮김

유리로 된 아이

DIE WIEDERENTDECKUNG
DER KINDHEIT

쌤앤
쌤파커스

시련을 가르치지 않는 부모
혼자서 아무것도 못하는 아이

당신도 '유리로 된 아이'와
함께 살고 있습니까?

여러분은 집 안에 있는 오래된 벽지나 커튼이 처음에 어떤 색이었는지 기억하는가? 우리가 매일 주변에서 마주하는 익숙한 사물들은 얼핏 보면 처음과 달라진 것 하나 없이 똑같다고 여겨지곤 한다. 그러나 집 안 창고 어딘가에 보관되어 있을지도 모르는 벽지 샘플, 커튼 원단 샘플을 꺼내 비교해보면 지난 5년 또는 지난 10년 사이에 본래의 색이 얼마나 바랬는지 확연히 알 수 있다. 이렇듯 우리의 사고방식도 변화하는 상황에 끊임없이 적응하려는 특성을 가지고 있다.

이제 우리 아이들의 모습을 살펴보자. 내가 느끼기에 요즘 아이들의 사고방식과 생활양식을 완전히 뒤바꿔놓은 '변화와 적응의 과정'은 지난 30여 년 동안 느리지만 꾸준히 계속되어왔다. 1990년대 초반에 어린 시절(또는 청소년기)을 보낸 세대들과 현재 어린 시절을 보내고 있는 아이들을 한번 비교해보라. 가정에서 부모의 양육 방식, 유치원이나 초중등 학교의 교육 환경과 교사가 가르치는 방식, 그리고 아이가 스스로 무언가를 해볼 수 있는 여가 시간 등… 몇 가지만 예로 들어도 30년 전과 현재가 눈에 띄게 달라졌다는 사실을 알 수 있다. 느리게 변화해왔지만 두 시기를 떼어놓고 보면 급격한 변화인 셈이다. 한때는 용인되기 어려웠던 일이 누구에게나 당연한 일로 여겨지기까지 걸린 시간은 고작 한 세대에 불과했다. 최근 내가 상담한 부모와 아이들로부터 들은 이야기를 바탕으로 요즘 아이들의 일상을 몇 가지만 대표적으로 나열해보면 다음과 같다.

- 부모의 허락 없이는 친구와 자유로운 오후 시간을 갖지 못한다.
- 학교(학원)까지 걸어서 10분이면 도착한다 해도 차를 타고 다닐 때가 더 많다.
- 호텔이나 레스토랑 같은 공공장소에서 지켜야 할 예절을 배우지 못했다.
- 스마트폰 게임에 빠져 방문을 굳게 닫고 온종일 칩거한다.

- "박물관에서는 뛰면 안 돼!" 같은 규칙들이 왜 당연한지 이해하지 못한다.
- 학교는 학생들이 시험을 포기하지 않도록 학업 수준을 하향 조정한다.

물론 여기에 적은 일부 내용들만으로 요즘 아이들의 모습을 일반화할 수는 없을 것이다. 내가 지적하고 싶은 것은 아이들의 모습 자체가 아니라 그 모습을 만든 원인이다. 역설적이게도, 가만히 돌이켜보면 요즘 아이들은 예전이라면 지극히 당연하게 여겨졌을 어른들의 보호와 관심에서 멀리 떨어져 있는 것 같다. 그러다 보니 사회성을 키우는 데 필수적인 기본 원칙과 규율도 제대로 습득하지 못하고 있는 실정이다. 더 심각한 건, 부모나 교사조차도 이런 변화를 인지하지 못하고 있다는 사실이다. 누군가가 의심과 걱정을 드러내면 "뭐, 꼭 그렇게 나쁘지만은 않잖아. 우리도 다 그렇게 컸는데 뭘" 하는 식으로 현실을 외면한다(이미 말했듯이 이것은 착각이다). 이런 상황 자체가 그들에겐 색이 바랜 벽지나 커튼처럼 어느새 익숙해져버렸기 때문이다. 대안이 없어 보이는 일에는 더더욱 그렇다.

*

　지난 몇십 년간 많은 부모와 아이들을 상담해왔다. 아이들의 연령대도 36개월부터 10대 청소년에 이르기까지 매우 다양했다. 덕분에 쉽게 예측하기 어려운 아이들의 심리적 변화 또한 유심히 살펴볼 수 있었다. 그런데 최근 들어서 자녀의 나이가 많고 적음을 떠나 부모와 자녀가 혼연일체가 된 것 같은, 이른바 '공생 관계'가 광범위하게 퍼져 있음을 확인할 수 있었다. 공생 관계는 동반자 관계와 투사(이에 대해서는 본문에서 더 자세히 설명할 것이다)가 악화된 결과로 나타난 현상이다. 쉽게 말해서 부모가 자녀의 문제를 자기 자신의 문제로 동일시하고, 그에 따라 행동함으로써 아이가 자립할 기회를 박탈하는 관계이다. 그 결과로 아이들은 정상적인 정신 발달 과정을 겪지 못한 채 몸만 점점 자란다.

　이렇게 몸만 훌쩍 커버린 아이들은 사소한 결정을 할 때에도 부모나 다른 사람에게 의지했고, 작은 문제에 부딪혀도 쉽게 포기하거나 상처받는 일이 잦았다. 다시 말해 자존감과 사회성과는 거리가 먼, 깨지기 쉬운 유리처럼 언제 주저앉을지 모르는 상태로 아슬아슬하게 성장하는 것이다. 우리 어른들은 아이가 혹시라도 상처받을까 걱정하는 마음에 필요 이상으로 감싸고 보호하면서, 또 때로는 아이들이 감당하지 못할 자유를 과도하게 부여하면서 예전보다 낫다고 착각해온 것은 아닐까?

그러나 내가 이 책에서 말하려는 것은 예전의 양육 및 교육 방식으로 돌아가야 한다거나 엄격한 부모가 더 훌륭하다는 식의 주장은 아니다. 내가 말하고 싶은 것은 아이들의 미래이며, 부모와 자녀, 교사와 학생이 서로 행복한 관계를 다시 만들어갈 수 있다는 가능성이다.

*

여러분은 이 책에서 '알렉사'와 '루이스'라는 두 명의 아이를 만나게 될 것이다. 알렉사는 과거의 아이들, 즉 1990년대 초반의 아이를 대표한다. 루이스는 현재의 아이들, 즉 여러분의 아이를 대표한다. 우리는 이 두 아이가 일상적으로 처하는 상황과 적응 방식 등을 비교하면서 더 나은 해결책을 찾아갈 것이다. 알렉사와 루이스를 통해서 여러분이 '맞아. 내가 잘못 생각하고 있었네', '어떻게 하면 내 아이에게 진정한 어린 시절을 돌려줄 수 있을까' 같은 생각을 하고, 고민하는 계기가 마련되길 바란다.

우리의 아이들에게 진정한 어린 시절을 돌려주기 위해 타임머신을 타고 과거로 돌아가야 할 필요는 없다. 사랑이라는 이름으로 아이들을 붙들고 있었던 방식을 지금이라도 과감히 버리면 된다. 부모가 자녀에게 주어야 할 것은 '최고로 좋은 것'이 아니다. 아이들에게 진정으로 필요한 것은 흔들리지 않는 원칙과 질서하에 스스로 세상을 탐험할 자유, 그리고 갖은 실패 속에서도 성취감을 맛볼 수 있는 기회이다. 이것이 우리 아이들이 능숙하고 독립적인 삶을 꾸려가는 단단한 어른으로 성장하도록 도와줄 것이다.

나와 함께 우리 아이들에게 꼭 필요한 어린 시절이 어떤 모습인지 함께 찾아가보자.

일러두기

- 저자가 기준으로 삼은 독일의 교육 체제는 아이들의 연령대를 기준으로 삼아 한국의 교육 체제(초등학교, 중학교, 고등학교)에 맞게 옮겼다.
- 옮긴이 주는 해당 내용 옆에 방주 처리하고 '옮긴이'라 표시했다.

PART 1

깨짐 주의!
유리로 된 아이

1
부족함 없이 자란
아이의 딜레마

현재 한 초등학교 4학년 역사 수업 시간. 교실에 들어온 선생님이 교과서를 꺼내라고 지시한다. 하지만 선생님의 말씀을 따르는 아이들은 손에 꼽을 정도다. 대부분 딴짓을 하고 있다. 그나마 선생님의 말에 귀를 기울인 아이들도 이런 질문을 하기 일쑤다.

"선생님, 무슨 책이라고요?"

"역사. 지금 역사 시간이잖니."

"왜 그래야 해요?"

선생님이 인내심을 가지고 여러 번 반복한 후에야 역사 교과서가 책상 위에 놓인다. 물론 집에서 교과서를 잘 챙겨왔다는 전제가 붙지만 말이다. 교과서를 꺼내는 과정은 그럭저럭 지나갔지만, 아이들의 정신은 여전히 딴 곳을 향해 있다. 아이들은 팔을 괴고 창밖을 바라보거나 엎드리기도 하고, 옆 친구와 잡담을 하거나 제멋대로 교실을 돌아다니기도 한다.

루이스는 이 상황이 정말 짜증났다. 어제 온종일 십자군의 콘스탄티노폴리스 정복에 대한 숙제를 하는 데 심혈을 기울였기 때문이다. 준비한 숙제를 아이들 앞에서 멋지게 발표하기를 기대했지만 시간은 벌써 15분이나 지나버렸고, 선생님은 수업을 시작조차 하지 못했다. 이렇게 되면 오늘 진도 중 일부분은 대충 넘어갈 수밖에 없다. 결국 다시 숙제가 될 거라는 것도 정확히 알고 있었다. 이런 생각에 지루해진 루이스마저 창밖으로 시선을 돌린다.

1990 역사 수업을 위해 4학년 교실에 선생님이 들어왔다. 교과서는 이미 책상 위에 반듯이 놓여 있다. 아이들은 지금이 무슨 시간인지 정확히 알고 있다.

"자, 이제 154쪽을 펼쳐보자."

이때 학급의 개구쟁이인 로베르트가 의자에서 버둥거리며 우스운 행동으로 시선을 끈다. 그렇지만 선생님은 수업에 방해가 되는 행동을 그냥 둘 생각이 없다.

"로베르트, 너도 책 펴야지!"

잠시 후 거의 모든 아이들이 십자군의 세계에 빠져들었다. 선생님이 십자군에 대한 역사를 설명하자 그때까지 딴 생각에 빠진 채 멍하니 허공만 바라보던 알렉사도 집중하기 시작한다.

1990년대의 알렉사와 현재의 루이스가 생활하는 학교는 완전 다른 세계다. 우리는 이 아이들의 모습을 보며 30여 년 전만 해도 아이들이 자라는 방식이 지금과는 전혀 달랐다는 걸 떠올리게 된다. 비록 많은 어른들이 그 시절과 변한 게 별로 없다고 생각하더라도 두 세계의 아이들이 피부로 느끼는 차이는 생각보다 클 수도 있다.

루이스의 교실로 돌아가보자. 오늘날 많은 아이들은 수업에 적극적으로 참여하려는 기본적인 의지조차 가지고 있지 않은 것 같다. 아주 간단한 지시를 따르게 하는 것조차 힘들 지경이다. 수업이 시작했어도 축 늘어져 있거나 자신들의 장난에 선생님을 끌어들여 주제에서 벗어나기 일쑤다. 그러다 보니 원래 계획된 진도를 제대로 나갈 수 없게 된다. 이런 상황은 교사에게 심한 스트레스가 된다. 아이들은 마치 달리는 자동차에서 숙련된 솜씨로 브레이크를 밟는 것처럼 수업을 방해하는 데 능숙하다. 물론 모든 아이들이 이런 환경을 바라지는 않는다. 적극적으로 참여하고 배우려는 아이들은 이런 상황에 당황하고 실망감을 감추지 못한다.

꽤 많은 아이들이 이상할 정도로 수업에 참여하지 않고 매순간 내키는 대로 행동한다. 조금이라도 출출하면 주저하지 않고 가방에서 시리얼 바를 꺼내 먹고 옆 친구에게 장난을 걸고 싶다는 생각이 들면 눈치 보지 않고 곧장 행동으로 옮긴다. 선생님이 한창 설명 중이든 친구가 발표 중이든 상관하지 않는다. 마치 그런 아이들은 외부와 단절된 공간 안에서만 생활하는 것 같다.

아이들 대다수가 이런 걸까? 아니면 일부 특수한 경우로 봐야 하는 걸까? 지금 당장은 이 문제를 다루지 않으려 한다. 그보다는 스스로를 고립시키고 공공연히 세상을 받아들이지 않는 아이들의 이런 행동 자체에서 여러분의 시선을 다른 방향으로 전환하려 한다.

어른을 조종하는 비밀 스위치

나는 상담실에서 이런 아이들을 매일 마주한다. 일반적으로 초기에는 부모 중 한 명과 함께 상담을 시작한다. 그들을 맞이하고 인사를 나누려 대기실로 나가면 나를 알아보고 인사를 하는 건 언제나 부모뿐이다. 아이는 나를 흘낏 바라보기는 하지만 자기와 상관없다는 듯이 하던 놀이를 계속하거나 손에 쥔 스마트폰만 바라보고 있다. 부모 없이 아이와 대화하는 시간을 갖기 위해 나를 따라오라고 요청해도 내 바람대로 행동하기까지 늘 시간이 걸렸다. 유치원이나 초등학교 저학년쯤 되는 아이들은 하던 놀이를 조금 더 하거나 그제야 주변을 정리해야 할 것처럼 행동하곤 했다. 초등학교 고학년이나 중학생 정도 되는 아이들은 번거롭다는 표정으로 휴대폰을 손에 쥐고 이어폰을 바지 주머니에 아무렇게나 쑤셔 넣곤 했다. 마침내 아이가 나를 향해 움직이기 시작해도 네 명 중 세 명은 늑장을 부리곤 했다. 아이들은 나를 하나의 인격체로서 배려하는 모습을 조금도 보이지 않았다.

그렇다고 이런 아이들의 행동이 '교육을 잘못 받았다'는 증거가 되진 않는다. 이 점을 확실히 짚고 넘어가자면 '교육'은 이 책에서 설명하려는 현상과 아무런 상관이 없다. 이건 뭔가 훨씬 더 근본적이고 원초적인 것과 관련이 있다.

상담실에 들어온 알렉사에게 의자를 가리키며 말했다.

"책상 앞 오른쪽 의자에 앉아주겠니?"

알렉사는 의자에 앉아 기대에 찬 눈빛으로 날 바라봤다. 상담 중에 알렉사에게 "창가를 향해 한 발로 뛰어보렴" 하고 요청하자 알렉사는 주저하지 않고 그대로 따랐다. 한 발로 창가에 도착한 알렉사는 몸을 돌려 자신이 제대로 해냈는지 확인하고자 내 표정을 읽곤 했다.

 상담실에 들어온 루이스에게 의자를 가리키며 말했다.

"책상 앞 오른쪽 의자에 앉아주겠니?"

앉아야 할 의자를 바라보며 손짓까지 했는데도 루이스는 의자에 앉지 않고 그 옆에서 서서 질문했다.

"이 의자 말인가요?"

나는 여러 차례 반복해야만 했다. 루이스가 자리에 앉기까지 제법 시간이 걸렸다. 그런 뒤 루이스에게 "창가를 향해 한 발로 뛰어보렴" 하고 말하자 루이스가 반문했다.

"저기 저쪽을 말씀하시는 건가요?"

상담실에는 창문이 딱 하나밖에 없었다.

지난 30년간 매주 10여 명쯤 되는 아이들이 내 상담실을 방문했다. 그렇게 여러 해를 거치며 족히 수천 명이 상담실을 다녀갔다. 알렉사 시절의 아이들은 아무런 문제없이 제자리에 앉았지만, 루이스 시절의 아이들은 사뭇 달랐다. 세 명 중 한 명은 보란 듯이 왼쪽 의자에 앉았고, 다른 한 명은 "여기요?"라고 되물었으며, 마지막 한 명은 앉지 않고 딴짓을 했다.

의자에 앉는 것조차 제대로 하지 못하는 이 놀라운 반응은 유치원생이나 초등학생은 말할 것도 없고 중학생 이상의 청소년도 마찬가지였다. '혹시 왼쪽과 오른쪽을 제대로 구분하지 못하는 것은 아닐까?' 하는 생각마저 들었다. 이런 행동은 아이들의 지적 수준과는 전혀 관련이 없었다. 상담실을 방문한 아이들의 지능은 지극히 정상이었고 오히려 평균보다 뛰어난 아이들도 많았다. 간혹 신경학적 특이 사항이 발견되는 경우가 있었지만 2~4%에 불과할 정도로 극소수였다. 그런데도 제자리에 앉는 것조차 이렇게 힘든 건 왜일까?

가정에서도 부모가 지시한 대로 움직이지 않거나 몇 번 반복해야만 그제야 마지못해 움직이는 경우가 다반사다. 식탁 위를 치우게 하거나 방을 청소하라는 말을 해야 할 때마다 지겨운 말씨름부터 각오해야 한다. 이 때문에 많은 부모들은 집안일을 돕게 하는 걸 애초부터 포기해버린다. 도대체 아주 간단하고 단순한 일조차 제대로 하지 못하게 만든 근본적인 원인은 무엇일까? 아이들은 바보가 아닌데 말이다.

1990년 무렵 상담실을 찾았던 아이들의 행동은 지금과 확연히 달랐다. 내가 대기실로 나가서 부모에게 인사를 건네면 세 살 아이라 할지라도 금세 상황을 파악하곤 했다. '낯선 장소에서 처음 보는 사람이 엄마, 아빠에게 인사를 하는구나'라고 말이다. 그 순간 아이는 앉은 자리에서 일어나 부모 옆에 섰다. 무엇보다 부모 곁에서는 안정감을 느낄 수 있기 때문이다. 사실 이것은 정상적으로 성장한 그 또래 아이들이 보이는 일반적인 행동이다.

다섯 살쯤 된 아이는 부모가 인사를 하면 그 모습을 보고 따라서 인사를 하곤 했다. 게다가 내 지시에 잘 따라주었다. 물론 그건 재빠르게 부모의 얼굴을 바라보고 괜찮을 거라는 확신을 가진 뒤였다. 나는 주로 아이의 뒤에서 따라 걸었는데 종종 아이의 걸음이 너무 빨라 오히려 내가 멈춰 세워야 할 정도였다. 아이는 상담실에서 지시에 맞춰 정확히 제자리에 앉았다. 다섯 살이라도 어려울 게 전혀 없었다.

1990 이제 다섯 살이 된 알렉사에게 숫자를 셀 수 있냐고 물었다. 아이는 눈을 커다랗게 뜨며 재빨리 고개를 끄덕인다. 숫자 세기를 시작한 알렉사는 숫자가 넘어갈수록 자신감이 붙어 목소리도 커졌다. 15까지 센 알렉사가 갑자기 얼굴을 붉히면서 움츠러든 목소리로 그 이상은 모르겠다고 말했다. 알렉사는 형제나 자매에 대해 묻는 질문에도 성실하게 대답했다. 친구 얘기를 해달라는 요구에 이야기를 멈출 줄 모르고 재잘거렸다.

아마도 여러분은 과거 아이들이 얼마나 쉽게 감격하고 감동받았는지 잊었을 것이다. 나 역시 그때 있었던 일을 정확히 기록하지 않았더라면 알렉사가 표현했던 말들을 제대로 기억하지 못했을 것이다.

1995년 무렵이었던 것으로 기억한다. 그때부터 아이들의 행동이 예전과 뭔가 달라졌다. 나의 지시에 되묻는 아이들이 늘어난 것이다. "저기 있는 저 창문으로요?", "이 볼펜 가져가도 돼요?", "이름을 크게 쓰라고요?" 같은 질문은 이전에 경험하지 못했던 일이었다. 처음에는 이런 특이하고 낯선 행동에 적응하지 못했고 이를 어떻게 해석해야 좋을지

감이 오지 않았다. 나는 동료들에게 혹시 이런 현상을 눈치챘는지 물었다. 그들 또한 내가 관찰한 현상에 동의하며 어떻게 반응해야 할지 몰라 난감해했다. 차츰 시간이 흐르면서 매번 아이들에게 모든 걸 반복해 설명해야 하는 것을 당연하게 받아들이기 시작했다.

그 원인과 이유를 깨닫기까지 제법 많은 시간이 필요했다. 끝없이 이어지는 반문, 느릿한 행동, 불량한 태도 등 모든 것은 아이들이 자신의 뜻대로 어른을 조종하려는 그들만의 방식이었던 것이다.

아이가 "이 연필이요?"라고 물으면 나는 "네가 그 연필이 마음에 들면 그걸로 써도 돼"라고 답했다. 아이가 꾸물대도 난 기다려야 했다. 뭘 해야 할지 도무지 모르겠다고 말하면 처음부터 다시 설명하곤 했다. 아이가 개미 같은 목소리로 읊조리면 인내심을 가지고 다시 되물어야 했다. 아이가 주제에서 벗어난 답을 하더라도 말을 끝내거나 멈출 때까지 기다렸다.

아이들은 하나같이 내가 자신의 생각대로 움직이도록 유도했다. 다르게 표현해서, 아이가 나를 조종하는 여러 스위치 중에서 하나를 고르면 나는 그대로 반응해야 했다. 아이 입장에서 본다면 굉장한 놀이가 아닐 수 없었을 것이다.

아이가 세상을 지배하는 방식

첫돌을 눈앞에 두고 있는 프리데리케는 잘 걷고 때로는 뛸 수도 있었지만 여전히 기어 다니는 걸 좋아했다. 집에 있는 그 무엇도 프리데리케의 손을 피하지 못했다. 소파 탁자에는 멋진 양란이 화분에 심겨 있었다. 프리데리케는 지금까지 아빠가 보였던 반응을 통해서 이 화분 근처에 가면 안 된다는 걸 이미 눈치채고 있었다.

프리데리케는 천천히 화분에 다가가며 아빠의 반응을 살폈다. 그걸 본 아빠는 이마를 찌푸렸다. 아빠는 프리데리케가 슬금슬금 계속 다가가자 황급히 소리쳤다.

"리케야! 가까이 가면 안 돼요!"

아이는 모든 게 계획대로 흘러가는 이 상황이 즐겁기만 하다. 아이는 미소를 지으며 도발적으로 양란을 건드린다. 그 순간 소파에서 벌떡 일어난 아빠가 화분에서 아이를 떼어놓으려 다가간다. 결국 아이는 몸을 틀어 탁자 아래로 숨어버린다. 낮은 가구 아래서 자신을 꺼내려 고군분투하는 아빠를 보며 까르르 웃음을 터트린다. 이 술래잡기가 오래 지속된다는 건 아이의 작전이 성공했다는 걸 의미한다.

사람의 정신 발달은 내적·외적 세계의 분리를 제대로 인지하지 못하는 태내기(수정부터 출산까지 아이가 엄마의 배 속에 있는 시기.-옮긴이)부터 시작된다. 이 발달 과정은 자신과 타인을 위한 책임을 어깨에 짊어지고 의지대로 명확한 결정을 내리고 자신의 행동으로 인해 발생할 책임을 고민하며 이성적이고 사려 깊은 행동을 추구하는 어른으로 성장할 때까지 계속 이어진다. 아이의 정신적 성숙도와 사회성은 차츰차츰 본능을 따라 진행된다. 이 성장 과정에 걸림돌이 등장하지 않는다면 말이다. 늘어나는 생물학적 나이뿐만 아니라 성숙도에 따라 결정되는 정신적 나이도 존재한다. 이미 20세기에 프로이트나 피아제 같은 정신분석학자들은 이 과정을 논박할 여지 없이 증명했다.

앞선 사례에서 등장한 알렉사나 루이스가 아닌 프리데리케를 예로 들어 설명한 이유는 무엇일까? 그건 알렉사나 루이스 모두 첫돌 무렵에는 프리데리케의 행동과 별반 차이가 없기 때문이다. 일반적으로 정신 발달 상태는 생물학적 나이에 상응한다. 알렉사와 루이스 모두 유아기 때는 탁자 위에 놓인 화분에 신비한 마법이 깃든 것처럼 다가갔다. 화분에 손을 뻗는 건 식물에 관심이 있어서가 아니라 그 나이에 상응하는 유아기적 나르시시즘 단계의 일환으로 자기 행동에 대한 주변의 반응을 반복해서 확인하려 하기 때문이다.

　아이들은 부모의 반응을 살펴볼 수 있는 기회가 있으면 이를 모두 활용한다. 물론 부모도 그걸 모르는 게 아니다. 그저 '우리 꼬맹이가 저것만큼은 건드리지 않았으면 좋겠는데'라고 생각할 뿐이다. 결국 아이는 애지중지 가꾸는 화분이나 정리하기 위해 펼쳐 놓은 세금 서류, 비싼 램프에 손을 댄다. 아이들은 어른의 반응을 끌어내는 스위치가 무엇인지 재빠르게 알아차린다. 그 이유가 무엇일까?

　유아기적 나르시시즘 단계를 지나고 있는 아이는 아직 사람과 사물 사이의 차이를 명확히 구분하지 못한다. 자기가 활동하는 공간이 벽으로 둘러싸여 있다는 것도 직접 보고 만지는 경험을 통해 인지한다. 이 경계를 안전한 장소로 느낀 아이는 자신감을 갖게 된다. 여기까지는 나쁘지 않다. 집에는 화분처럼 쉽게 움직이는 물건뿐만 아니라 위치를 바꾸기 힘든 냉장고도 있다. 게다가 이리저리 움직이는 가족들도 있다. 아이에게는 이 모든 것이 흥미롭기만 하다. 이 단계에서 아이가 가진 유일한 임무는 내면의 충동에 충실하고 그 무엇도 자신의 탐험을 훼방하지 못하게 하는 것이다.

　밖에 볼일이 있어 외출을 해야 하는 엄마가 갓난아이를 준비시키기 시작한다. 한참 자신만의 놀이에 빠져 있던 아이는 마음대로 되지 않자 울음을 터트리며 발버둥을 친다. 이런 상황에서 아이를 협조적으로 만들 뾰족한 방법은 없다. '엄마가 병원 예약을 했나보구나. 그럼 늦지 않도록 도와드려야겠네.' 이런 생각은 아주 먼 훗날이나 가능할 것이다. 물론 엄마도 나름의 작전으로 목표를 완수하려 한다. 예컨대 아이가 좋아하는 인형을 들고 이렇게 말하는 것이다. "우와 여기 좀 봐, 유모차 안에서 뭔가 아주 멋진 게 널 기다리는 것 같은데!" 그러면 아이의 마음은 유모차를 향하기 마련이다. 이렇게 부모는 아이를 직접적인 방법이 아닌 다른 방법으로 설득한다. 사실 정확히 말하면 부모가 아이에게 조종당하는 것이다.

다시 프리데리케의 집으로 돌아가보자. 아이가 손으로 탁자를 두드리고 있다. 다행히 아무 일도 일어나지 않았고, 탁자도 꿈쩍하지 않는다. 그러자 이번에는 엄마에게 다가가 다리를 때린다.

"하지 마, 엄마 아파."

물론 아이는 누군가를 아프게 한다는 것이 정확히 무슨 뜻인지 아직 이해하지 못한다. 그렇지만 무슨 일이 일어난 건지는 대충 감지한다. 엄마는 아이를 안아서 다른 어딘가에 내려놓고 다른 장난감을 쥐여준다. 비슷한 상황이 반복된 후에야 아이는 엄마를 때리면 엄마가 자신을 가만두지 않는다는 걸 배운다.

'아! 세상은 이렇게 돌아가는구나!'

이런 확신이 쌓이면서 정신 발달은 다음 단계로 진입한다. 보통 생후 30개월 정도가 되면 더는 책장에서 책을 빼서 어지럽히는 행동을 하지 않는다. 그런 행동을 했을 때 어른들이 어떤 반응을 보일지 예상할 수 있을 정도로 이미 충분히 반복했기 때문이다. 이 시점이 되면 여러 반응 중에서도 특히 선호하는 게 생긴다. "우와, 네가 해냈구나!" 이런 말을 제일 좋아하고, "안 돼, 그러면 안 돼!"라는 말의 뜻을 이해하기 시작한다. 그렇지만 아직 돌쟁이인 아이의 가장 큰 관심사는 '화분 근처에 가면 무슨 일이 생길까?'에 머물러 있다. 아빠는 아이가 화분에 손을 뻗자마자 자리에서 벌떡 일어나야만 했다. 그리고 엄마는 발버둥을 치며 다리를 때리는 아이를 안아서 놀이방에 앉혔다. 이로써 아이의 생각은 다시 한번 입증되었다. 아이가 세상을 지배하고 있는 것이다.

충분한 타율성이 단단한 자아를 만든다

요즘에는 유치원이나 초등학교는 물론 교육계 전반에서 이런 모습을 쉽게 접할 수 있다. 아이들은 물론이고 성인까지도 상대를 원하는 대로 조종하려 든다(성인의 의미는 생물학적 나이를 지칭할 뿐 정신의 성숙도를 의미하는 것은 아니다). 그리고 타인을 조종할 수 있다는 걸 계속 확인하려 한다. 거기에 한 술 더 떠서 프리데리케처럼 상황 파악마저 제대로 하지 못한다.

1990년대 초까지만 해도 아이들의 정신 발달은 신체 나이에 걸맞게 성장했다. 알렉사는 갓난아이일 때부터 때와 장소에 맞게 행동하는 법을 배우고 익히면서 책임감 넘치는 성인이 되기까지 일반적인 발달 과정을 훌륭히 거쳤다. 때맞춰 유치원에 다녔고 또래들과 함께 학교를 다니기에 모자람이 없을 정도로 잘 성숙했다. 이렇게 제 나이에 걸맞게 관계를 맺는 방법이나 타인과 공감대를 형성하는 요령을 습득했다. 물론 부모와 갈등이 전혀 없었다거나 학교에서 전혀 문제없이 지냈다는 것은 아니다. 하지만 알렉사의 정신 수준은 또래들의 평균적인 수준을 따라 잘 성장했다.

반면 루이스는 그렇지 않았다. 루이스는 정신적 나이가

육체적 나이를 따라가지 못하는 것이 당연해진 시대에 태어났다. 시간이 지날수록 나이에 걸맞게 성숙한 아이들을 만나기 힘들어졌다. 생물학적으로는 계속 나이를 먹지만, 정신 수준은 겨우 돌쟁이 수준을 벗어나지 못했던 것이다. 그 결과 성인이 되었어도 여전히 부모가 돌봐줘야 할 정도로 미숙하고 어린, 몸만 훌쩍 커버린 사람이 됐다.

현재 한 중년 여성이 취업 알선 센터의 담당자 앞에 나타났다. 스물다섯 살 아들의 구직 등록을 위해 대신 찾아온 것이다. 담당자가 아들이 직접 방문해야 한다고 말하자 어머니는 이렇게 대답했다.

"그건 불가능해요. 도무지 아들을 여기까지 오게 할 방법이 없네요."

루이스 역시 그랬다. 유치원생일 때도, 더 커서 학생이 되어서도 자신이 원하는 방향으로 어른을 조종하고 싶어 했다. 이런 식으로 계속 성장하면 심리적·사회적으로 여러 문제가 생긴다. 물론 루이스는 "당연히 우리 부모님은 사람이고 함부로 조종할 수 있는 물건이 아니죠"라고 대답할 것이다. 그러나 이미 경험을 통해 타인을 조종 가능한 대상으로 간주하고 있었다.

이런 아이들의 행동은 프리데리케와 마찬가지로 오롯이 재미만을 추구한다는 점을 주목해야 한다. 엄마가 신발을 신겨주도록 그냥 두고 싶지 않았던 프리데리케는 저항의 의미로 울음을 터트리며 발버둥을 쳤다. 이것은 그 연령대의 영유아에게서 충분히 나타나는 행동이다. 하지만 초등학교 1학년 아이가 밥을 다 먹어야만 간식을 먹을 수 있는 상황이 못마땅하다고 해서 할 행동은 아니다.

그렇다면 정신 발달이 이렇게 멈춰버린 이유는 무엇일까? 루이스를 가만히 살펴보면 가정·유치원·학교에서 어른과의 상호 작용을 통해 경험으로 배우는 기회가 극히 적다는 것을 알 수 있다.

이쯤에서 우리는 아이들이 만사가 항상 바라는 대로만 되지 않는다는 교훈을 얻는 것이 인생을 살아가는 데 절대적으로 필요하다는 걸 이해해야 한다. 이런 면에서 발달심리학자들은 자신의 의지와 상관없이 정해진 원칙이나 규율을 따르는 것을 뜻하는 타율성을 꼭 부정적으로만 생각하지 않았다. 다정하게 손을 잡아주고 아이의 정신 발달 과정을 이끌어줄 든든한 어른이 필요하기 때문이다.

사람에게 있어 중요한 시기이자 그 어떤 타율성 없이 마음대로 살 수 있는 인생의 유일한 단계는 바로 영유아기다. 이 시기에 아이는 마음에 들지 않으면 소리를 지른다. 아직 원초적인 본능에 따라 행동하기 때문에 부모와의 관계에서 근본적인 신뢰감이 싹트지 않은 시기다. 생후 8~9개월부터 아이는 기다릴 줄 알게 되고 위험한 상황에서 멈춰 어른의 행동에 반응하기 시작한다. 이 시기에는 이유식이 준비될 때까지 단 몇 분이라도 기다릴 줄 알게 된다. 이렇게 아이는 자기 세상에 등장한 다른 누군가가 규칙을 정한다는 걸 배워간다. 엄마는 아이에게 지금 보고 있는 만화가 끝나면 TV를 끄고 잠자리에 들어야 한다고 알려준다. 유치원 선생님은 색종이에 그려진 토끼를 천천히 조심해서 오리라고 지시한다. 학교 선생님은 내일까지 글쓰기를 완성해오라고 숙제를 내준다.

그러나 이런 타율성은 위계질서의 정착만 추구하는 강압적 주입식 교육과 아무런 관련이 없다. 오히려 타율성은 단순한 재미나 기분에 따라 멋대로 행동하는 것을 방지하고, 좌절에 대처하는 능력을 키워주는 좋은 수단이다. 일반적인 성장 과정을 보면 아이는 경험을 통해 원칙과 규율을 습득한다. 예컨대 먹고 싶다고 해서 무조건 아이스크림을 얻을 수 없다는 걸 깨달으면 아이스크림 가게로 무작정 돌진하는 행동을 멈춘다.

15~16세 정도의 청소년이 되면 자기가 가야 하는 인생의 방향을 결정하는 방법을 배운다. 이쯤 되면 아이는 미래를 위한 목표를 설정하고 노력할 준비가 되어 있다. 이는 스스로 판단하고 결정을 내리는 주체로 성장하기 위해 반드시 필요한 과정이다. 예를 들어 아이는 자신이 원하는 학과에 들어가는 데 필요한 성적을 받으려 자발적 동기에 따라 열심히 공부한다. 이 시기에 들어서면 중요한 것과 필요한 것을 판단하는 능력이 생기기 때문에 예전보다 외부의 지도와 안내의 필요성이 그만큼 줄어든다. 그렇게 부모와 스승을 통한 타율성은 서서히 사라지기 시작한다.

청소년 시기에는 어른과의 관계에서도 확고한 자아를 구축한다. 그로써 학업이나 직장, 배우자와의 관계 그리고 무엇보다 훗날 자녀와의 타율적인 관계도 잘 해낼 수 있다. 그렇게 건강한 어른으로 성장한 아이는 이성적인 결정을 하고 자신의 두 다리로 자립하는 데 성공한다. 다시 한번 강조하는데, 어린 시절 부모나 교사를 통해 타율성을 충분히 경험하지 않고 자아를 구축할 수 있는 지름길은 없다.

요즘 아이들은 타율성을 따르며 배워야 할 중요한 시기에 이를 가르쳐줄 어른들을 만나지 못했고 결국 지금과 같은 끔찍한 결과로 이어지게 되었다. 이렇게 된 데는 정치적·이데올로기적 이유도 있겠지만 사실 부모의 사고방식 자체에 근본적인 원인이 있다. 이런 사고방식 아래에서 성장한 아이들은 더는 어른들의 행동이나 경험을 바탕으로 배우지 못하고 누구에게도 지도를 받지 못한다. 이제 아이들은 가정이나 유치원, 심지어 학교에서도 어른의 눈치를 살피지 않는다. 아이들의 내면에는 뭔가를 알려주고 얘기해줄 어른이 없는 그들만의 세계가 만들어졌다. 계속 이렇게 성장한다면 정신은 계속해서 미숙한 채로 남을 것이며, 예의 바르고 다정하고 타인에게 관심을 보이고 배려하는 사람이 되는 것 또한 기대하기 어렵다. 충분히 그러고도 남을 나이라해도 타인과 공감대를 형성하기 힘들다. 여러 학문적 연구를 통해서도 이런 아이들이 어른은 물론 또래들과도 의미 있는 접촉을 하지 않는다는 것이 확인됐다. 건강한 관계를 맺기 위해서는 상대방을 마음대로 조종할 수 있는 존재가 아니라 나와 동등한 한 사람으로 인정해야 하기 때문이다.

세상으로 나아가기 위한 연습

여러분 모두 개인적이든, 직업적이든 관계하고 있는 주변의 어린이나 청소년을 떠올려 보자. 조카·친구·지인·직장 동료의 자녀들 그 누구라도 좋다(부모가 자기 자식을 편견 없이 객관적으로 평가하기란 어려운 점이 있으므로 자신의 자녀는 제외하도록 하자). 그중에서 인생에서 힘들거나 갑자기 뛰어넘어야 할 어려운 난관을 마주했을 때 능숙하게 대처할 것 같은 아이들이 얼마나 되는가? 대부분의 아이들은 힘들게 극복할 필요 없이 자신이 원하는 방향대로 어른을 조종하는 법을 이미 터득했을 것이다. 그 방법은 다양하다. 심통 부리기, 불편한 기색 티내기, 분노 표출(분노를 표출한 후에는 왜 그렇게 이상한 행동을 했는지 그 이유조차 기억하지 못한다), 끝없는 질문(상대방이 질려서 더는 답할 필요를 느끼지 못할 때까지 묻곤 한다), 늦장 부리기, 게으름 피우기, 어슬렁대기, 침묵하기, 방에 들어가서 나오지 않기 등 다양한 방법이 있다.

다시 강조하지만 이런 행동은 절대 교육의 문제가 아니다. 이런 태도를 보이는 이유가 교육을 제대로 받지 못한 데 있는 경우는 극히 드물다. 물론 아이가 또래보다 정신적으로 미숙하고 거기에 교육 문제까지 더해져 일어난 결과일 수는 있다. 내가 상담실에서 만났던 아이들의 대부분은 특별히 흠 잡을 데 없는 훌륭한 교육을 받고 있었다. 그런데 이런 아이들도 흥미를 느끼지 못하는 무언가를 어쩔 수 없이 해야 하는 상황에 처하면 행동이 돌변하곤 했다.

그렇다면 교육은 이런 행동과 어떤 관계가 있을까? 스스로 발전할 기회를 갖기 힘든 권위적인 교육 방식이 정말로 정신 발달에 걸림돌이 된 걸까? 교육 방식이 개개인의 인격 형성 및 성장에 막대한 영향력을 행사하는 것은 사실이다. 그러나 장기적인 관점으로 보면 그 밖의 다른 요인도 무시하지 못할 정도로 큰 영향을 준다. 일반적인 정신 발달 과정에서는 어려움을 만나도 대부분 극복하고 그 과정을 통해 한층 더 성장하곤 한다.

1950년대에 태어난 내 또래들이 경험한 것처럼 나 또한 권위적인 분위기에서 성장했다. 두려움을 자극하는 것이 당시의 주류 교육 방식이어서 학교에서도 집에서도 늘 매를 맞을까 두려워하며 지냈다. 나는 두려움 때문에 부모님께는 꼭 필요한 최소한의 질문만 하곤 했다. 그러다 내가 열세 살 무렵에 일어난 68운동(권위주의 타파와 나치 청산을 요구하며 서독에서 일어난 학생 운동.-옮긴이)을 겪으며 순종만이 인생을 살아가는 방법의 전부가 아니라는 걸 깨닫기 시작했다. 나는 열다섯 살이 되었을 때 이과에서 문과로 전향하겠다는 큰 결단을 스스로 내렸다. 강압적인 분위기에서 교육을 받고 있었지만 나의 정신은 스스로 동기와 목적을 설정할 수 있을 정도로 성장했던 것이다. 내가 스스로 결정하고 원했던 것이라 문과 수료의 필수 조건이었던 라틴어 능력 인정 시험도 거뜬히 통과할 수 있었다. 지금의 관점으로 바라보면 20대 때도 여전히 순종적이었지만, 그런 성향은 시간이 흐르면서 차츰 사라졌다.

흔히 "네가 독립하지 않고 내 곁에 있는 동안은…"으로 시작하는 부모들의 독재적 언행에 종지부를 찍을 방법은 찾아보면 여러 가지가 있다. 물론 그 시절 권위적인 교육 방식에 나보다 훨씬 강력하게 저항했던 친구들도 있었다. 그러나 아무리 억압적이고 권위적인 교육 방식이라도 단지 그것만으로 아이의 정신 발달에 부정적인 영향을 미치는 경우는 극소수에 불과하다. 아이의 인격에 일종의 '치명타'가 된다 해도 아이가 지닌 인격 발달의 잠재력에는 영향을 미치지 못한다. 아이의 정신 발달을 지연시키려면 교육의 실패 외에 뭔가가 더 필요하다. 이 가정은 반대로도 성립한다. 정신이 올바르게 성장하지 못한다면 아무리 훌륭한 교육을 받더라도 틈을 메우는 데 역부족일 수 있다.

대용량 저장 공간과 뛰어난 소프트웨어를 장착한 컴퓨터를 떠올려보자. 이 컴퓨터는 복잡한 계산을 순식간에 처리할 수 있도록 메모리도 충분히 갖췄다. 그러나 이런 최신식 컴퓨터에 설치된 운영체제가 한참 전에 폐기됐어야 할 '윈도우 95'라면 어떨까? 제아무리 엄청난 고사양 컴퓨터라고 해도 이래서는 제대로 사용할 수 없다. 아이의 정신 발달 상태가 유아 수준을 벗어나지 못한다면 언행과 태도에도 여과 없이 드러나기 마련이다.

나는 이런 변화의 전환점이 1995년이라고 보았다. 물론 이런 결론은 쾰른·지그부르크·본 지역에서 겪었던 경험에서 비롯한 것이다. 전국의 교사와 부모 역시 이와 동일한 행동 양식을 관찰했다고 내게 말해주었지만, 그건 1995년부터가 아니라 그때부터 3~5년 정도 더 지난 시점이었다. 당시 정신 발달 상태가 미숙했던 아이들은 현재 성인이 되었다.

어느 날 일방통행로를 따라 운전하고 있었다. 다음 사거리까지 약 30미터가량 남은 상태였다. 그때 갑자기 저 앞 사거리에서 한 자동차가 후진으로 역주행하며 들어오는 것이 아닌가. 그 운전자는 아마 내 뒤편에 있던 주차 공간까지 이동하려는 것 같았다. 내 차가 걸림돌인 건 분명했다. 나는 차를 멈추고 그 차가 다시 나가기를 기다렸다. 그러나 그 운전자는 공격적으로 경적을 울려대며 거친 제스처를 취하더니 경적만으로는 자기가 원하는 대로 되지 않자 결국 차에서 내려 나에게 다가왔다. 20대 초반쯤 되어 보이는 젊은 남자였다. 그는 운전석 창문 옆에 서서 금방이라도 차 안으로 난입할 것처럼 고함을 지르기 시작했다.

정말 터무니없는 상황이다. 이 젊은 남성은 오직 자기가 바라는 것과 자기 자신만 생각했다. 그에게 그럴 권리가 없다는 건 관심 밖의 문제인 것 같았다. 이 젊은 남성의 입장에서는 자기가 하려는 일을 방해하는 누군가를 마주한 것 자체가 짜증나는 일인 것이다. 정신 발달의 가장 첫 단계에 정체된 상태이기 때문에 이 사람은 주변 사람을 원하는 대로 조종하려 시도했다(이 사례의 경우 매우 공격적이고 위협적인 방식을 사용했다). 그의 세계에서는 모든 것이 그를 중심으로 움직일 것이고, 그 외의 모든 것은 자신의 욕구 아래에 위치한다는 관점을 아직 놓지 못했을 것이다.

비록 전부는 아니라고 해도 많은 아이들의 정신 발달 과정이 돌연 멈췄기 때문에 앞으로는 이런 상황이 비일비재할 것이다. 눈사태도 처음에는 작은 눈덩이 몇 개에서 시작되지 않던가.

여기서 다시금 강조하려 한다. 비록 한 세대밖에 지나지 않았지만 루이스 시대의 성장 방식은 기존 세대와 완전히 달라졌다. 루이스가 성인이 될 때까지 가까이서 인생의 여정을 함께하는 가족이나 선생님 등 모든 어른들이 제 몫을 다하지 못하고 있다는 게 내가 내린 최종 결론이다.

루이스의 경우 규칙을 정해주고 이를 따르도록 유도하며 정신 발달 단계를 함께할 대상이 없었다. 이 아이들은 지켜야 할 최소한의 선도 제한도 경험하지 못했고, 그로 인한 발전도 없는 '진공 상태'에 놓였다. 확고하고 명백한 기준이 없다면 아이들의 정신이 온전히 발달할 가능성은 희박하다.

루이스 주변의 많은 어른들은 아이들이 올바른 방식으로 겪어야 할 성장 과정을 지켜보고 돕는 것이 번거롭고 힘들다는 이유로 아이들의 요구에 맞춰주며 원하는 대로 행동하게 방관했다. 게다가 이제는 성인만큼 성장한 아이에게 좁게만 느껴질 집 안에서만 지내도록 강요했다. 그 결과 "밖에서 친구들과 뛰어 놀고 싶어요"처럼 아이들이 자연스레 떠올릴 법한 생각은 애초에 차단되었다.

물질적인 측면으로 보면 요즘 아이들은 부족함 없이 잘 지낸다. 그렇다고 우리 아이들이 올바른 성장을 위한 최상의 기회를 제공받고 있는지 묻는다면 나는 부정적으로 답할 것이다. 우리 어른들이 아이들을 대하는 잘못된 방식이 아이들의 정신 발달을 특정 수준에서 벗어나지 못하도록 하고 있는데도 아이들이 유아기 상태에 머물러 있다며 비난하기 바쁘다. 어쩌면 자신은 아니라고 할지 모르겠지만 우리 모두 그렇게 행동하고 있다. 우리는 아이들에게 기억에 남을 아주 멋진 어린 시절을 선사해주기는커녕 잘못된 방식으로 그 기회조차 앗아가고 있다.

2
빼앗긴
어린 시절

나의 어린 시절은 완벽하지도 않았고 딱히 유복하지도
않았다. 그러나 돌이켜보면 생일만큼은 항상 최고였다.
언제나 친구들이 함께했기 때문이다. 선물이나 파티 장
식 얘기가 아니다. 우리는 함께 풍선을 터트리고 정원에
서 뛰어놀다가 출출해지면 쿠키를 나눠 먹었다. 아주 단
순했다. (…) 집에서는 그냥 놀았다. 그것도 항상. 하교 후
버스 정류장에서 내려 한걸음에 집까지 달려와 책가방을
구석으로 던져버리면 엄마는 나가서 놀라고 우리 등을
떠밀었다. 저녁 식사 시간까지 이웃 아이들과 주변을 뛰
어다니며 놀았다. (…) 집에 있을 때는 장난감을 갖고 놀
거나 비디오 게임을 했다. 이불을 쌓아 우리만의 성을 만
들기도 했고 계단에서 쿠션을 깔고 앉아 미끄럼틀처럼

타고 내려오기도 했다. 우리를 즐겁게 해야 하는 건 부모님의 몫이 아니었다. 심심하다고 투덜댔다면 아마 집안일을 도와야 했을 것이다.[1]

2014년 4월, 캐나다의 저널리스트 분미 라디탄은《허핑턴 포스트》에 기고한 칼럼에서 자신의 어린 시절을 이렇게 묘사했다. 어쩌면 물질적인 고생이 뭔지 모르고 성장한 일부 특권층이 누린 어린 시절의 모습일 수도 있다. 그렇다고 해도 그 당시 대부분의 아이들은 라디탄이 묘사한 것처럼 무리 지어 동네를 돌아다니며 그들만의 판타지를 만끽하는 것으로 시간을 보냈다. 나도 때로는 이런 기억이 아지랑이처럼 피어오른다. 아무 걱정 없이 자유를 만끽하며 보호받던 시절이었다.

현재 루이스의 성장 방식은 그때와 확연히 달라졌다. 아이들이 경험하고 있는 세상은 라디탄이 묘사한 것과는 차원이 다르다. 몇몇 예외적인 상황을 제외하면 현재 아이들은 대부분의 시간을 실내에서 보낸다. 사회학자들은 이런 현상을 '어린 시절의 고립화verinselten Kindheit'라 부른다. 왜 이렇게 된 걸까? 주로 실내에서 보내는 방식이 훨씬 유익해서일까? 아니면 반대로 해가 되는 건 아닐까? 아이들도 무언가 부족하다고 느끼고 있을까? 우리 아이들에게 아름다운 어린 시절을 돌려주고 싶다면 어린 시절이 무엇인지 개념부터 정리해야 한다.

작은 성인에서 보호받는 아이로

진정한 '어린 시절'이란 무엇일까? 그 답을 찾기 위해서는 예전에 우리의 부모 세대가 자녀를 돌보던 방식을 떠올려볼 필요가 있다. 부모님들은 대개 엄격했지만 다른 한편으론 자녀가 자유분방한 속에서 스스로 세상을 배우는 데에는 관대했다. 그러나 요즘 아이들은 자유를 만끽하지도, 그렇다고 제대로 보호받지도 못하고 있다. 불과 몇십 년 사이에 아이들의 어린 시절은 주위를 둘러싸고 있는 세상에서 손바닥만 한 최첨단 기기로 축소되어버린 셈이다.

현재 루이스는 태어났을 때부터 항상 카메라가 곁에 있었다. 루이스의 부모는 뿌듯한 마음에 아이의 3D 입체 태아 사진을 앨범에 붙여놓기도 하고 분만실에서 막 태어난 루이스의 모습을 비디오카메라로 촬영하기도 했다. 그 후로도 루이스의 부모는 방대한 양의 음성 및 동영상 자료를 만들었다. 루이스가 처음으로 당근 이유식을 먹던 모습, 기저귀를 갈던 모습, 곤히 자던 모습, 첫 등교 날의 모습 등 여러 일상을 기록했다. 이것은 루이스가 6세가 되었을 무렵 스마트폰이 등장한 후로 더 심해졌다.

루이스의 부모가 빼놓지 않고 하는 일은 하루에도 수백 번씩 울리는 스마트폰의 뉴스 앱 알림을 확인하는 것이다. 이것 외에도 아이의 유치원 졸업장과 성적표, 주치의의 소견서, 여행 관련 서류 등 수많은 문서도 스마트폰으로 처리한다. 그뿐인가? 육아서와 아이들을 위한 책 등 수천 권과 놀잇감 역시 스마트폰에 들어 있다.

과거의 아이들은 어떻게 지냈을까? 어림잡아 지난 1000년 동안 어른들은 아이들을 덩치만 작은 성인처럼 여겼다. 중세 초기 미술 작품만 봐도 성모 마리아 품에 안긴 벌거벗은 아기 예수의 신체 비율은 갓난아이라기보다 이두박근을 가진 성인 남성의 모습을 축소해놓은 것에 가깝다. 아마 화가는 실제 아기의 모습에 눈길조차 제대로 주지 않았을 것이다. 훗날 유아의 신체 비율을 이해한 예술가들이 등장하지

만 웅장한 황금빛 액자 안에서 우리를 바라보는 아기의 모습은 18세기 말이 되어도 여전히 작은 성인에서 벗어나지 못했다. 당시에는 기어 다니는 영유아기 때부터 남자는 조끼, 여자는 코르셋으로 몸통을 꽉 조였다. 남자 아이에게는 작은 검을 쥐여줬고, 여자 아이에게는 가슴과 목덜미가 푹 파인 드레스를 입혔다. 지금 같은 의미의 어린이는 존재하지 않았다. 그림 속 아이들은 자기가 맡은 역할을 충실히 수행해야만 했다.

귀족 가문에서도 그랬다면 일반 수공업자와 농부의 가정에서는 더 말할 것도 없었을 것이다. 이때 아이들에게 주어진 역할은 노동이었다. 지금이라면 유치원을 다닐 나이부터 작은 가축 등을 맡아 돌봐야 했다. 아이들의 유일한 놀이라면 어른 흉내가 전부였다. 이 또한 어른의 일과에 최대한 빨리 적응하기 위한 연습일 뿐이다. 당시 부모들에게 본능적으로 아이들을 사랑하고 보호하려는 마음이 있었는지는 추측만 할 뿐이다. 그러나 한 가지 분명한 건, 당시의 부모들은 아이들의 내면에 자유를 바라는 욕구와 두 손으로 이 세상을 직접 경험하고픈 열망이 있다는 걸 조금도 이해하지 못했다는 점이다.

1780년경 사회 개혁 움직임이 일면서 어린 시절의 모습에도 조금씩 변화가 찾아왔다. 장 자크 루소(프랑스의 계몽주의 철학자. 인간의 선한 본성을 교육을 통해 계발해야 한다고 주장했다.-옮긴이)와 프리드리히 프뢰벨(독일의 교육자. 유치원, 유아교육학의 아버지로 불린다.-옮긴이) 같은 학자들의 영향으로 아이들의 성장 과정에 '교육'이 도입된 것이다. 루소는 성인을 '아이의 정원사이자 변호인'이라고 해석했다. 루소는 아이를 노동 혹은 계급의 일원이 아닌 진정한 한 사람으로 '양육'하려 했다. 암흑의 중세가 지나면서 사람들은 아이들이 작은 성인이 아니며 정작 필요한 것은 실상과 완전히 다르다는 걸 이해하기 시작했다. 그제야 아이를 하나의 존재로 인정하고 그 가치를 소중하게 생각하는 직관이 형성된 것이다. 그러나 아이를 작은 성인으로 간주하는 가치관은 현대에 이르기까지 약 200년 동안 계속됐다. 이 과정에 사용된 교육 방식은 주어진 환경과 상황에 따라 차이가 있었다. 비정상적일 정도로 과도한 자유가 허락된 때도 있었고 부모 자식 관계가 강력한 계급 관계로 규정된 때도 있었다. 후자의 시기는 무엇보다 복종과 더불어 제 역할을 충실히 이행하는 것이 매우 중요했다. 이 200년 동안 독재적이며 확고한 계급에 의한 교육(아이도 제 역할을 다해야 한다)과 자유로운 교육(아이들 스스로 경험해야 한다) 사이에서 무게추는 왔다

갔다를 반복했다. 그러나 오늘날 어른들이 아이들을 대하는 태도는 지난 200년에 비하면 비교적 일관성을 유지하고 있다. 아이가 태어나고 성장하는 처음 몇 해 동안은 육체만큼이나 정신도 성장해야 하는 때라는 걸 이해한 것이다. 이 시기가 바로 '어린 시절'이다. 부모의 세심한 보살핌과 보호 아래 성장하며 부모가 아이의 손을 잡고 성인이 되기까지 함께 동반하는 과정을 말한다. 이런 측면에서 보자면 중세 아이들에게는 진정한 어린 시절이 존재하지 않았다. 어린 시절은 지난 200년 사이에 우리 모두가 함께 일궈낸 노력의 산물이다.

그렇다면 부모의 보호란 정확히 무엇을 말하는 걸까? 우리는 아이들을 걱정거리, 문제적 상황, 특히 성인의 성적 대상이 되는 것에서 멀리 떼어놓는다. 미디어학자 닐 포스트먼은 어린 시절의 등장은 어른의 수치심에서 시작되었다고 설명한다. 교양 있고 유복한 가정에서는 가족 전부가 한 침대에서 잔다는 건 상상조차 하지 못했을 것이다(침대는 생식부터 출산, 질병 그리고 죽음까지 삶의 다양한 순간을 맞이하는 공간이다). 점차 사람들은 이것이 자연스러운 것이 아님을 직관적으로 깨달았다. 훗날 생물학적 연구 결과를 바탕으로 이 직관이 옳았음이 증명되었다.

아이는 부모를 통해 점진적으로 나이에 맞는 책임을 배우고 결정을 내릴 수 있어야 한다. 아이의 정신 발달 측면에서 보면 어린 시절이라는 보호받는 시기와 공간이 존재한다는 것은 축복이다. 이 시기에 아이들은 이해하기 힘든 부모의 다툼이나 그 밖의 가정 문제 때문에 고통 받지 않아도 된다. 이 덕분에 감당할 수 없는 책임을 강요받는 상황에 놓이지 않을 수 있다. 이로써 아이는 부모의 관심과 보호 그리고 사랑을 충분히 느끼면서 불안이나 두려움을 겪지 않고 건강하게 성장한다. 부모는 아이가 뭘 좋아하는지, 잠을 충분히 잤는지, 휴식이 필요한지 등을 본능적으로 안다. 부모는 아이를 입히고 먹이고 위생 상태도 꼼꼼히 챙긴다. 일정한 생활 리듬을 위해 식사 시간을 비롯해 규칙적인 일과를 정한다.

이 점이 바로 내가 도입부에 언급한 '근심 걱정 없고, 자유롭고, 배려로 가득한 생활'이다. 다시 반복하지만 여기에는 함정이 있다. 예컨대 이 세 가지는 1950년대 초에 아이들을 키웠던 부모 역시 마음에 담고 있던 내용이다. 서열을 강조하며 독재적이었든, 진보적이고 자율성을 강조했든 간에 부모가 선택한 교육 방식과는 별개로 아이는 작은 성인이 아니라 그 자체로 대우를 받았다. 또한 부모와 자식 사이에 엄격한 서열 차이가 있어야 한다고 생각하는 부모라도 부부 사이의 문제 혹은 금전 문제를 아이들과 공유하지 않았다.

부모의 문제를 짊어진 자녀

1970년에서 1990년 무렵 아이들의 어린 시절은 매우 유익한 변화를 맞이했다. 교육 방식도 예전만큼 억압적이지 않았고 이 시기 부모는 과거의 그 어느 때보다 아이들을 돌볼 수 있는 시간적 여유가 있었다. 세계 대전 직후 독일 사람들은 주당 55시간을 일했고 오직 일요일만 쉴 수 있었다. '토요일만큼은 아빠는 내 차지예요!'라는 슬로건을 내건 노동조합 운동으로 1970년대에 들어서서 근무 시간이 주당 40시간으로 줄어들었다. 현재 독일의 공휴일은 주당 이틀이고 고작 15일에 불과했던 연차 휴가도 약 6주로 늘어났다. 게다가 세탁기 등의 가전제품을 사용하기 시작하면서 집안일에 썼던 시간도 현저히 줄었다. 이 모든 환경이 양육을 위한 황금시대를 여는 서막이 됐다. 이는 당시 어른들이 기억하는 어린 시절에 대한 전통적인 사고방식과 적절히 어우러지면서 아이들에게 보살핌을 제공할 여건이 가능해졌고 사람 중심의 현대 교육 방식에 따라 아이들의 진면목을 볼 수 있게 됐다.

그 당시 대부분의 가정에서 고든식 회의(미국의 발명가이자 심리학자인 윌리엄 고든William J. J. Gordon이 창안한 아이디어 도출 방법.-옮긴이)를 활용해 가족회의를 진행한 것은 매우 좋은 사례다. 문제가 생기면 이를 해결하기 위해 모든 가족이 둘러앉았다. 그 누구도 피해를 보지 않는 결론을 내리려면 어떻게 해야 할지 자유롭게 의견을 나누고 서로 조언했다. 이때는 아이들에게도 나이에 걸맞은 발언권과 참여가 허락됐다.

1950 열여섯 살 카를은 잔뜩 화가 났다. 토요일에 친구들과 영화관에 가려고 했지만 엄마가 계획을 다 망쳐놨기 때문이다.

"밤 아홉 시나 되어야 영화가 끝나잖니. 절대 꿈도 꾸지 마!"

카를은 수긍할 수 없었지만, 표현하지 못한 채 그저 혼잣말로 투덜대며 자기 방으로 들어가 온종일 뿔난 상태로 있었다.

1990 열여섯 살 알렉사는 잔뜩 화가 났다. 토요일에 친구들과 클럽에 가기로 약속했지만 밤 아홉 시까지 돌아오라는 엄마 때문에 계획이 모두 틀어졌기 때문이다.

알렉사는 어린아이처럼 취급받는 것이 싫었다. 알렉사는 저녁 식사 시간에 다시 얘기를 꺼냈다. 아빠는 아홉 시까지 귀가하는 건 좀 이른 것 같다며 알렉사의 편을 들어주었다. 이런 아빠의 말에 엄마는 다소 성급하게 반응한 부분도 있다고 인정했다. 알렉사는 부모님의 이런 모습을 보며 자신을 진지하게 대해주고 있다고 느꼈다. 서로를 존중하면서 세 사람은 모두가 만족할 만한 방법을 상의했다.

"밤 열 시쯤에 내가 클럽으로 데리러 가면 어떻겠니?"

아빠가 물었고, 모두 이 방법에 동의했다.

어른들의 문제에 시달리지 않고, 너무 빨리 책임을 짊어지지 않으면서 배려와 애정을 듬뿍 받은 아이의 사고방식은 쾌활하고 밝다. 이런 아이는 성숙한 인품을 가진 성인으로 성장할 가능성이 매우 높으며 고착된 체계에 의문을 던지고 그것을 무너뜨릴 수 있는 힘을 가질 수 있다. 이와 동시에 주변 사람을 대할 때 존중하는 태도를 가지게 된다. 어린 시절부터 그런 방식으로 자신의 가치를 인정받았기 때문이다.

이견과 공감을 멋지게 결합해 직장 생활을 포함한 모든

분야에서 완전히 새로운 가능성을 이끌어낼 수 있다. 어려서부터 "나는 그건 옳지 않다고 생각해" 혹은 "그건 내 생각과 달라" 같은 말을 훈련한 사람은 훗날 올바르지 않은 결정을 내리는 상사에게도 자신의 의견을 두려움 없이, 예의를 지키면서 제시할 수 있다. 상사가 부하 직원과 같은 세대라면 이런 발언을 자신의 권위에 대한 도전으로 받아들이지 않을 것이다. 또한 직급이라는 권위를 이용해 부하 직원에게 입마개를 씌우는 대신 그 의견을 진지하게 검토해볼 수도 있다. 상사가 "그 얘기도 일리가 있어요. 어떤 면에서는 내 생각보다 좋네요"라고 말한다면 이는 분명 좋은 기업이다.

전쟁과 전쟁 후의 곤경과 힘든 시기를 몸소 체험한 우리의 부모 세대는 자녀의 모습을 그대로 받아주었고 적절하지 못한 것들로부터 최대한 보호해주었다. 이후 1970~1990년 사이에 태어난 아이들은 더욱 개방적이고 탈권위적인 환경에서 성장했다.

그렇다면 1990년에 이후에 태어난 아이들은 어떨까? 예전보다 상황이 훨씬 나아졌을까? 그렇지 않은 것 같다는 게 내 결론이다. 나는 이 책을 통해 어떤 아이라도 근심 걱정 없고, 자유롭게 생활하며, 적절한 보살핌과 보호를 받아야 한다는 세 가지 요소에 맞춰 자녀 교육 및 부모와 자녀의 관계를 조명하려 한다. 이 세 가지 요소가 서로 얽혀 있어 각각의 영향을 명확히 구분한다는 것은 쉽지 않다. 예컨대 부모의 보호가 없다면 어떻게 아이가 근심 걱정 없이 성장할 수 있단 말인가? 또한 아이에게 아무런 자유가 허락되지 않고 어릴 때부터 과도한 책임을 등에 짊어져야 한다면 분명 마음 편히 성장할 수 없을 것이다.

혼자서도 잘할 거라는 착각

아이에게 근심 걱정 없는 어린 시절을 선사하고 싶다면, 부모는 자녀가 어른들의 문제 때문에 과도한 심리적 부담을 떠안지 않도록 보호해주어야 한다. 그러나 만약 집에서 부모가 자주 다투거나 이혼까지 고려하는 상황이 되면 아이도 눈치를 챌 수밖에 없을 것이다. 이런 상황에서도 부모는 자녀가 현실을 감당할 수 있는 범위 내에서 문제를 인지할 수 있도록 노력해야 한다.

알렉사가 11세가 되자 부모님은 저녁마다 함께 뉴스를 볼 수 있도록 허락했다. 아직까지 알렉사에게 대부분의 뉴스는 지루하기만 했고, 그나마 스포츠 뉴스가 가장 볼 만했다. 하지만 오늘은 평소와 분위기가 달랐다. 혁명을 꿈꾸는 테러 조직인 적군파가 국무장관을 대상으로 폭탄 테러를 일으킨 것이다. 알렉사는 이 끔찍한 계획이 집에서 가까운 버스 정류장에서 일어났다는 걸 깨달았다. 힐끗 부모님의 눈치를 살핀 알렉사는 걱정하지 않아도 된다는 걸 느꼈다. 그러나 이 사건은 알렉사의 마음을 매우 불안하게 만들었다.

다음 날 아침 알렉사와 가족은 아침 식사를 하며 어제 일어난 테러에 대해 대화를 나눴다. 부모님은 "세상에는 정의롭지 않은 일을 저지른 사람들도 존재하지만, 우리 가족의 삶은 평소와 다르지 않을 거야"라는 말로 알렉사를 안심시켰다.

루이스는 즐거워야 할 크리스마스이브 분위기를 단번에 앗아갔던 그 사건을 생생히 기억한다. 당시 TV에서는 한 테러리스트가 베를린 크리스마스 시장에서 많은 사람들을 살해한 사건을 온종일 보도했다. 보도의 상당수는 국가의 실패에 관한 이야기였다. 말끝마다 "우리 모두 정말 조심해야 돼!"라고 말하는 아버지의 모습을 보며 루이스는 상황이 생각보다 심각한 것 같아 적잖이 불안했다. 조심한다는 건 어떻게 해야 하는 걸까? 이런 상황에서 엄마도 "너무 무서워!"라고 거들었다.

피아노 학원에 가려고 버스 정류장에 있던 루이스 뒤에서 어른들이 테러에 대한 이야기를 나누고 있었다. 그 대화를 들은 루이스는 잔뜩 움츠러들었다.

아이는 두려운 상황을 마주하면 어른들의 대화에 귀를 기울인다. 아이가 들을 수 있는 곳에서는 주의해 대화를 나누고 아이가 보는 TV 프로그램을 잘 통제한다면 아이가 불필요한 불안에 떨거나 근심에 빠지는 상황을 예방할 기본적인 조건이 충족된다. 하지만 최근에는 TV나 온라인에 넘쳐나는 부정적인 영상으로부터 아이들을 지켜야 한다는 생각이 당연하게 여겨지지 않는 것 같다.

어른들이 풀어가야 하는 숙제는 아이들이 우연이라도 적절하지 못한 것을 접하지 않도록 최대한 신경 쓰는 것이다. 근심 걱정 없는 어린 시절을 위해서는 직접적이고 의도적이지 않았다고 해도 아이들에게 유해한 정보를 차단하는 일 또한 필요하기 때문이다. 대표적인 예로 학교나 유치원에서 시행하는 성교육을 꼽을 수 있다.

1990년대만 해도 다섯 살 아이의 의견을 묻는 건 상상조차 하지 못한 일이었다. 아이가 좋아할 만한 것도 전부 어른이 대신 결정했고 그 책임도 어른이 졌다. 하지만 현재 대다수의 유치원은 독서 영역, 조립 영역, 운동 영역, 놀이 영역이 구분되어 있고 아이가 스스로 하고 싶은 활동을 자유롭게 결정하도록 한다. 이처럼 갈수록 아이에게 결정을 요구하는 일이 더 많아지고, 빨리 결정하기를 강요하는 경향이 생기고 있다. 나는 이것이 바로 성인과 아이의 관계에서 생기는 문제의 근본 원인 중 하나라고 생각한다.

분명 많은 부모들은 "당연히 우리 루이스가 혼자 결정할 수 있죠! 어릴 때부터 미리 연습하는 게 좋잖아요"라고 확신에 찬 목소리로 말할 것이다. 올바른 결정을 내리기 위해서 연습과 경험이 필요하다는 건 맞는 말이다. 하지만 내가 중요하게 생각하는 것은 결정할 내용이 아이의 눈높이에 맞아야 한다는 점이다. 유치원생이나 초등학생도 여름방학을 맞아 떠날 여행지로 크로아티아 혹은 이탈리아 중에 어느 곳이 좋은지 의견을 말할 수는 있다. 다만 아이들에게는 관련 경험이나 정보가 턱없이 부족하다. 이런 상황에서 아이의 의견은 순전히 주사위 던지기 같을 뿐 진정한 결정이라 보기 어렵다. 이탈리아가 좋겠다는 의견을 냈지만 여행 내내 비만 와서 기분이 엉망이 된 루이스가 투덜거려도 듣게 될 말은 "여기 오자고 한 건 너였잖아!"라는 부모의 핀잔뿐이다.

놀이터에서 시소와 모래 놀이 중 어떤 활동을 할지 선택하는 것은 아이들의 연령대에 딱 맞는 과제다. 반면 유치원에서 일곱 가지가 넘는 여러 활동 중 하나만 선택하게 하는 방식은 아이에게 과도한 부담을 주는 요구임이 틀림없다. 이 연령대 아이들은 아직 그 정도로 준비가 되지 않았다. 그건 마치 빨리 자라라고 땅 위의 풀줄기를 잡아당기는 것과 다름없는 처사다.

자유와 관련해서도 나는 확신한다. 현재 많은 어른들은 정작 무엇이 아이에게 부담인지 깨닫지 못하고 있다.

무엇이 제대로 된 보살핌인가

부모는 아이를 진심으로 사랑하기에 먹이고, 입히고, 안아주고, 유모차에 태워 산책도 시킨다. 조금 더 성장하면 등하굣길은 물론 체육관, 음악 학원에 데려다주고 데려오는 것 또한 성실히 수행한다. 더 나아가 아이가 미래를 준비하며 기회를 잘 잡도록 모든 걸 아낌없이 지원한다. 그러나 이런 보살핌이 진정 아이에게 필요한 것일까?

1990 여덟 살 알렉사는 이번 주말에 할머니 댁에서 하룻밤을 보내기로 했다. 엄마가 손에 차비를 쥐여주자 알렉사는 씩씩하게 길을 나섰다. 그런데 사거리 신호등 앞에서 기다리다가 전차를 놓치고 말았다. 다음 차가 오기까지 최소 15분은 기다려야 했다. 마침내 도착한 전차를 타고 다섯 정거장을 지나 버스로 갈아탔다. 이때는 운 좋게도 환승해야 할 버스가 출발 준비 중이었다. 그렇게 집을 나선 지 50분쯤 지나 알렉사는 안전하게 할머니 댁에 도착했다. 잘 도착했다고 엄마와 짧은 통화를 끝내사 할머니 댁에서 보내는 즐거운 주말이 드디어 시작됐다. 향긋한 애플파이 냄새가 오븐에서 솔솔 퍼지고 있었다.

현재 여덟 살 루이스는 이번 주말에 할머니 댁에서 하룻밤을 보내기로 했다. 버스를 타고 가도 되지만 그럴 용기가 나지 않았다. 무엇보다 단 한 번도 혼자서 해본 적이 없는 환승이 두려웠다. 루이스의 엄마도 자동차로 안전하게 데려다주기를 원했다.

루이스는 좋아하는 장난감과 책을 작은 캐리어에 담았고 엄마
는 루이스가 아침마다 즐겨 먹는 시리얼을 챙겼다. 캐리어에 바
퀴가 달려 있어 정말 다행이었다. 엄마는 할머니 댁에 가는 도중
에 시장을 봤고 그 때문에 도착이 늦어졌다. 루이스는 슈퍼마켓
에서부터 짜증이 밀려왔지만 마침내 할머니 댁에 도착하고 나
니 기분이 좀 누그러졌다.

미국의 여론 조사 기관인 유고브YouGov는 독일 최대 주
간지 《디 차이트》의 의뢰를 받아 초등학생 부모들을 대상
으로 아이에게 얼마만큼의 자유를 허용하는지 물었다.[2] 그
결과 응답자의 52%만 이웃 아이들과 부모 없이 자유롭게
노는 것을 허락한다고 답했다. 66%는 아이 혼자서 공원에
가는 것을 허락하고 있지 않았으며 45%는 아이 혼자 지하
철이나 버스를 타도록 허락하지 않는다고 답했다. 이 결과
를 바탕으로 본다면 루이스가 마음대로 움직일 수 있는 범
위는 집에서 고작 몇백 미터 이내로 축소된다. 아이에게 마
음껏 주변을 관찰할 기회를 제공하는 것도 부모의 배려가
아닐까?

그렇다면 아이들의 기본적인 욕구에 대한 보살핌은 어떨

까? 상담실에 있다 보면 어울리지 않게 옷을 입은 아이들을 매일같이 만난다. 난방을 해서 따뜻한 대기실에서도 부모들은 아이들의 코트·머플러·모자를 벗기지 않고 그대로 둔다. 아이에게 "코트 좀 벗을까?"라고 물어볼 생각조차 없어 보였다. 설령 그렇게 말한다 해도 아이가 특별한 반응을 보이지 않으면 다시 묻지 않았다. 이것만 봐도 '아이가 알아서 잘 하겠지'라고 생각하는 부모의 태도를 확인할 수 있다. 그렇지만 실상은 그렇지 않다. 나는 기회가 될 때마다 "아이들은 자신에게 무엇이 필요한지 잘 모른다"고 거듭 강조하곤 한다. 정상적인 정신 발달 과정을 거친 초등학교 5학년짜리 아이도 한겨울에 달랑 티셔츠 한 장만 입고 밖으로 나가려 한다. 나가겠다는 마음을 먹었을 때는 코트가 눈에 띄지 않거나 머릿속이 온통 딴 생각으로 가득 찼기 때문이다. 결국 그렇게 집 밖을 나간 아이는 분명 추위에 덜덜 떨면서도 '뭐, 어때?'라고 생각한다. 입술이 파랗게 질릴 지경이 되어도 '코트를 깜박했네! 다시 들어가서 옷을 입고 나와야겠다'는 생각을 하지 못한다.

시간이 갈수록 제대로 된 보살핌을 받지 못하는 아이들이 부쩍 늘어나고 있다. 그런 모습은 제대로 감지 않은 머리에서부터 시작한다. 다 말리지 않은 축축한 머리카락도 그리 보기 좋지는 않다. 대부분의 아이들은 미용실에 가는 걸 좋아하지 않는다. 손톱과 발톱 정리 상태도 영 엉망이다. 부모는 그런 모습을 보고도 아이가 알아서 하도록 그냥 둔다. 아이가 "나 혼자 씻을 수 있어요!"라고 말하면 정말 씻는 법을 알고 있을 거라고 믿어버리고는 혼자 샤워하도록 내버려 둔다. 아이가 비누와 샤워 스펀지를 제대로 사용하는지 들여다보지도 않는다. 매일 씻는 일조차 많은 지도와 감독이 필요하고 제대로 된 청결 관리를 위해서는 수년 동안 반복해 연습해야 한다는 직관적인 깨달음은 이미 사라진지 오래다.

모든 부모는 자기 자식을 사랑한다. 자식에게 해가 되는 일을 고의로 하는 부모를 나는 단 한 명도 보지 못했다. 아이가 제대로 된 보살핌을 받으며 마음껏 세상을 경험하고 정신 발달과 인격 형성을 하는 시기가 어린 시절이라는 데 모두가 동의한다면, 오늘날의 분위기는 뭔가 크게 잘못되었다는 걸 누구나 감지할 것이다.

요즘 아이들이 경험하는 세상의 모습을 정리하면 이렇다.

— 아이들은 군이 알 필요 없는 성 관련 문제나 폭력, 금전 문제 등 어른들의 문제로부터 제대로 보호받지 못하고 있다.

— 아직 어린 나이인데도 아이들을 어른으로 간주해 어른만의 문제를 같이 걱정하게끔 하고 있는 것 같다.

— 아이가 충분히 통찰할 능력을 갖추지 못했는데도 스스로 결정하고 그 책임을 오롯이 짊어지라는 요구는 아이에게 큰 부담이 된다.

— 어린아이들을 자신이 결정한 것에 따른 결과를 책임져야 하는 어른으로 보는 것 같다.

— 아이들을 지나칠 정도로 과잉보호하면서 사방팔방 데리고 다닌다.

— 부모는 아이에게 스스로 알아서 옷을 챙겨 입고 청결 상태를 관리하도록 종용한다.

우리는 아이들을 필요한 걸 알아서 척척 해내는 어른처럼 대하고 있는 건 아닐까? 이렇게 우리는 알게 모르게 아이들을 작은 성인으로 보고 있었다. 이건 중세의 시각으로 퇴행하는 것이다. 지난 200년 동안 수많은 어른들이 각고의 노력으로 공들여 만든 어린 시절이라는 피난처가 사라지는 것이다.

그러나 이렇게 환경이 바뀌어도 아이들은 그다지 힘들어하지 않는다. 아이들은 원하는 것을 얻기 위해 타인을 조종하는 법을 깨우치기 때문이다. 문제는 이런 변화로 인해 아이의 정신 발달이 제대로 진행되지 못하고 유아기 수준에 멈춰버릴 수도 있는 것이다. 영원히 아이로 남는 것, 정말 상상만 해도 끔찍하다. 가장 심각한 것은 지금의 이런 상황이 옳다고 믿는 우리 어른들의 인식이다. 아이들을 작은 어른으로 대하는 것이 옳다는 인식이 사회 전반에 퍼져 있다. 이런 태도가 아이에게 절망적인 결과를 가져오는 것은 말할 것도 없다.

3 벽을 향해 질주하는 아이들

독일 니더작센주에 있는 디프홀츠는 인구 21만 명의 소도시다. 2016년 3월, 이 지역 언론사에 흥미로운 보도가 하나 실렸다.[3] 한 의학 전문가가 이 지역 초등학생 2000명을 대상으로 아이들의 학업 성취도를 조사한 결과, 놀랍게도 행동에 문제가 있다고 진단 받은 아이늘이 무려 34%에 달했다. 해당 아이들에게서 분리불안, 공격성이나 자제력 상실 같은 사회성 장애가 관찰되었고 주의력과 집중력에도 문제가 있었다. 불쌍한 루이스!

이 기사를 정확히 이해하기 위해서는 다음과 같은 사항을 함께 고려해야 한다. 디프홀츠 지역의 거의 모든 아이들은 유치원을 다녔다. 다시 말해 아이들은 제대로 교육 받은 보육 교사의 보살핌을 받았다. 그럼에도 거의 세 명 중

한 명이 문제 행동을 보여 정상적인 학교생활이 힘든 상황에 처했다. 문제 행동을 보이는 것으로 진단 받은 아이들 중 33.5%가 치료 체조, 언어 장애 교정 혹은 운동 요법 같은 초기 지원을 받았다. 이 지역의 소아 및 청소년 보건 사업 담당 책임자는 청소년·건강·사회의 연관성을 조사한 결과 발달 지체는 회복이 불가능하다고 보고했다. 조사를 시행한 의학 전문가는 이런 견해를 내놓았다. "이런 아이들을 중점적으로 돌봐야 하는 건 결국 학교가 감당해야 할 숙제다."

　그러나 내가 바라보는 시각은 좀 다르다. 아이의 정신 발달이 제 나이에 맞게 성장하도록 두 눈을 부릅뜨고 도와야 하는 건 바로 우리 모두의 몫이다. 발달 지체 문제는 계속 다른 누군가에게 떠넘기기 쉽다. 부모는 유치원으로, 유치원은 그룬트슐레(4년 과정으로 우리의 초등학교에 해당. 만 6세에 입학한다. 이하 이 책에서는 초등학교로 번역했다.―옮긴이)로, 그룬트슐레는 상위 과정 학교로, 상위 과정 학교에서는 직업 학교로 미룬다.

제자리걸음 치는 아이들의 정신 발달

이번 장에서는 정신 발달이 정체되고 문제 행동을 하는 아이들이 그대로 성장하면 어떻게 될지 다루고자 한다. 이런 아이들은 유치원과 학교에서 어떻게 생활하며, 어른으로 성장하는 과도기에는 어떻게 행동할까? 과도기를 잘 넘길 수는 있을까? 그렇지만 단 한 지역의 수치만으로 독일·스위스·오스트리아 등 독일어권 전역의 상황을 논할 수 있을까? 먼저 이 질문에 포커스를 맞춰 보려 한다. 세 명 중 한 명의 아이가 문제 행동을 보인다는 조사 결과가 정말 사실일까?

안타깝게도 '놀라울 정도로 높은' 수치라 거론되던 디프홀츠의 34%는 다른 곳에 비하면 최저 수준에 가까웠다.

독일어권의 교육자를 대상으로 강연할 때마다 교사들에게 학급에서 정신 발달이 뒤처지거나 다소 미숙한 아이들이 몇 명인지 물었다. 학급마다 너댓 명 정도라는 대답이 대다수였다(이것만으로도 골칫거리가 분명해 보였다). 학급 정원이 최대 30명이라고 가정하면 교사들이 문제 행동을 보인다고 추정하는 학생의 수는 대략 15%인 것이다. 이 아이들은 교사가 같은 말을 다섯 번 반복해도 수업에 제대로 참여하지 않았고 그렇게 아이는 교육 기회를 완전히 놓쳐버렸다. 하지만 앞서 살펴본 것처럼 발달 지체는 눈에 보이는 선동 형태로만 나타나지 않는다. 나는 강연에서 이 아이들의 정신 발달 수준이 생후 10~16개월 정도의 유아 수준에 멈춰 있다고 말했다. 그런 학생의 경우 극단적으로 행동할 뿐만 아니라 무의미한 되묻기 등의 예민한 방식으로 선생님을 조종하거나 별로 흥미를 느끼지 않는 일을 해야 할 때 고삐 풀린 망아지처럼 행동하기도 한다고 설명했다.

이런 말을 하면 으레 뭔가 깨달았다는 청중의 반응을 볼 수 있다. 그러고는 수업 시간에 말도 잘 듣고 좋아하는 일부 과목의 성적은 A 혹은 B를 받을 만큼 준수하지만 뭔가 하고 싶지 않은 일을 해야 할 때는 매우 비협조적인 학생들을 떠올린다. 간단히 말해 이 아이들은 구미가 당기는 일만 하는 것이다.

교사들은 아이들의 조종하기와 흥미 지향주의가 일정 부분 정신 발달 지체와 관련이 있다는 걸 깨닫고 나서 정신 발달에 어려움을 겪고 문제 행동을 하는 유소년 및 청소년의 비율을 상향 조정했다. 교사들의 추정치에 따르면 그룬트슐레의 경우 무려 70~80%에 달했고 상급 학교에서는 이보다 조금 낮았다.

정말 상상조차 하지 못한 일이다. 청소년 세 명 중 두 명이, 그룬트슐레에서는 다섯 명 중 네 명이 읽고 쓰고 계산하기 같은 기본 지식을 습득하는 데 필요한 성숙도가 부족하다는 뜻이기 때문이다. 이건 교육자들이 가르치는 일에 더이상 흥미를 느끼지 못하고 지쳐버려서 아이들에게 적대심을 품고 그저 연금을 받을 때까지만 자리를 보존하려는 마음에서 내린 평가가 아니다. 오히려 대다수는 소명을 가지고 아이들에게 배움의 즐거움을 전하며 아이가 성인이 되기까지의 길을 함께 걸으려는 사명을 가진 교육자들이었다. 그들은 절망적인 단계에 이르기까지 무척이나 열심히 노력했음에도 제대로 된 결실을 맺는 경우가 적은 근본적인 이유를 알고 싶어 했다. 그러나 이런 환경에서 가장 큰 고통은 비단 교육자(그리고 부모)뿐만 아니라 아이들의 몫이었다. 재미만을 좇는 루이스는 자신의 의사가 대부분 반영되고 실행되는 것을 경험함으로써 노력을 통해서 얻을 수 있는 기쁨을 너무 쉽게 경험하고 말았다. 정상적인 정신 발달 과정을 거친 성인의 시각에서 이런 아이들의 감정 세계는 도저히 이해할 수 없어 너무 답답하기만 하다. 감정적인 측면으로 볼 때 아이들은 늘 배가 부른 것처럼 보인다. 아이들은 '기다리는 즐거움'을 알지 못했다.

열 살 알렉사는 지난 몇 주 동안 곧 있을 체험 학습에 기뻐 들떠 있었다. 학교에서는 체험 학습으로 버스를 타고 동물원 견학을 떠날 예정이었다. 그곳에는 산양도 있고 커다란 멧돼지 서식지도 있다고 들었다. 알렉사를 가장 기쁘게 했던 건 무엇보다 직접 손으로 쓰다듬고 만져볼 수 있는 체험장이 있다는 것이었다. 그곳에서 전용 먹이를 구입할 수 있다는 얘기를 들은 알렉사는 미리 용돈을 조금씩 모았다. 쉬는 시간에는 작은 새끼 염소에게 먹이를 주는 모습이나 아기 염소를 품에 안은 모습을 알록달록한 색으로 열심히 그리곤 했다. 동물원의 놀이터도 알렉사를 기대에 부풀게 했다. 부모님과 먼저 동물원에 다녀왔다는 율리아가 미끄럼틀을 탔다며 자랑을 늘어놓자 알렉사는 더욱더 기대감이 부풀어 올랐다.

열 살 루이스는 학교 체험 학습의 일환으로 동물원 견학을 위해 버스에 탑승했다. 루이스는 율리아 옆에 앉았다. 대부분의 아이들은 아무 말 없이 이어폰으로 음악을 들었다. 이틀 전 선생님이 학생들에게 체험 학습 관련 내용(편안한 신발, 점심 식사 비용 등)까지 미리 알려주었지만 루이스는 체험 학습을 까맣게 잊고 있었다. 사실 루이스에게 수업 시간은 교실에 앉아 있든 대

초원 한복판이든 어차피 똑같았다. 버스는 8시 정각에 학교에서 출발할 예정이었으나 30명의 학생 중 9명이 탑승하지 못했다. 결국 모두가 지각한 아이들을 기다렸다. 점점 버스 창문은 뿌옇게 김이 서리기 시작했다. 루이스는 이 상황이 너무 심심하고 지루하기만 했다.

이러지도 저러지도 못하는 교사

최근 내 상담실을 찾아오는 어린이와 청소년 중에서 정상적인 정신 발달을 보이는 아이는 단 한 명도 없는 것 같다. 가성과 교육 기관의 '울타리 밖'에 방치된 이 아이들은 제 역량을 100% 발휘하지 못한다. 물론 아이를 건강한 정신 발달 과정으로 이끄는 부모도 여전히 있다. 그러나 아이를 작은 어른처럼 대하는 환경에서 비롯된 저항은 갈수록 거세지고 있다.

유치원 교사들을 통해 들은 바에 따르면 문제 행동을 보이는 아이들은 전체의 90% 이상이다. 이 얘기는 전체 아이들 열에 아홉은 상대를 조종하려 하고, 흥미를 느끼지 못하는 무언가를 요구받는 상황을 받아들이지 못한다는 걸 뜻한다. 그렇다고 유치원생이 로봇처럼 교사가 말하는 대로만 움직이며 복종하도록 훈련해야 한다는 의미는 아니다. 내가 말하려는 건 1990년만 해도 유치원에서 아이들이 한 곳에 모여 함께 동요를 부르는 것이 가능했다는 점이다. 아이들은 뛰어다니거나 중간에 딴짓을 하지 않고도 함께 즐겁게 노래를 부르곤 했다.

정리하면, 문제 행동을 보이는 아이들은 유치원이 90%, 초등학교가 70~80%다. 혹시 강연에 참석한 교사들이 내게 호의를 보이려는 대중 심리에 휩쓸려 좀 과장한 건 아닐까?

취리히 유치원협회장은 '더는 방치할 수 없는 문제 행동의 급격한 증가'에 대해 말했다. 취리히 유치원협회 보고서에 따르면 이런 문제를 보이는 아이들이 약 20~80%에 달했다.[4] 나는 여기서 20%라는 수치가 공공연한 문제 행동을 하는 아이들을 의미하며, 이보다 훨씬 높은 수치를 언급한 교사들은 앞서 설명했던 여러 이유에서 수업이나 활동에 적극적으로 참여하지 않거나 그 횟수가 매우 미미한 경우까지 모두 포함했다고 생각한다.

그룬트슐레에 입학하는 만 6세 무렵의 아이는 전반적으로 사회적 행동을 내면화할 수 있을 정도로 성장한다. 교사의 지도에 따라 나아가야 할 방향을 정하고 그 규칙을 자신의 것으로 흡수할 수 있다는 걸 의미한다. 몇 차례 연습을 반복하다 보면 차차 능숙해진다. 이름이 불려 억지로 발표하는 것이 아니라 자발적으로 손을 들게 된다. 교사가 "이제 웃지 말고 집중하자!"라고 말하면 정상적인 정신 발달 과정에 있는 아이는 거리낌 없이 그 지시를 따른다. 물론 교사가 자리를 비우면 옆 친구에게 "야, 이 바보야!"라고 말하며 놀리거나 큰소리로 더 심한 말을 내뱉을 수도 있지만, 최소한 교사가 있는 동안만큼은 그런 행동을 하지 않는다.

정상적인 정신 발달을 거친 그룬트슐레 1학년 아이는 왕성한 호기심을 갖고 배우고자 하는 자세가 되어 있다. "칠판 좀 닦아주렴" 같은 교사의 간단한 지시를 잘 따르고, 지도에 따라 올바른 학습 태도를 갖출 수 있다. 또한 수업 시간과 쉬는 시간의 차이와 학교생활이 무엇인지 제대로 이해하고 있다.

알렉사는 비록 가정에서는 그러지 못했더라도 최소한 유치원에서는 학교생활에 필요한 기본자세를 터득했다. 그러나 루이스는 유치원 때부터 어른이 가르쳐주는 것을 잘 듣고 따르는 대신 마음대로 결정하는 환경을 마주했다. 그렇게 아이들은 자기가 할 활동은 물론이고 배우고 싶은 영역조차 스스로 결정했다. 이런 이유에서 지난 몇 해 동안 여러 유치원이 시설을 개조해야 했다. 여러 방으로 분리된 집단 공간이 사라지고 벽 없이 뻥 뚫린 커다란 방 하나를 독서 영역, 조립 영역, 운동 영역, 놀이 영역 등으로 구분했다. 이런 야생 같은 공간에서 아이들은 자신에게 필요한 사회적 행동을 스스로 형성하고 만들어가야 했다. 교사는 이 과정에 조금도 관여하지 않았고, 개입하는 것도 허락되지 않았다.

 네 살 알렉사는 시몬에게서 빨간 장난감 블록을 빼앗았다. '지금 만드는 탑을 완성하려면 저 블록이 꼭 필요해'라는 단순한 생각 때문이었다. 교사는 블록을 빼앗긴 시몬이 당장이라도 울음을 터트릴 것처럼 얼굴을 찌푸리는 모습을 지켜봤다. 교사는 두 아이들을 불러 바닥에 앉히고 먼저 알렉사에게 말했다.

"알렉사, 시몬이 먼저 가지고 있었잖니. 그렇게 묻지도 않고 그냥 가져가버리면 안 되는 거란다. 시몬에게 줄 수 있냐고 먼저 물어보렴."

그러나 시몬도 그 블록이 필요했고 알렉사에게 주려고 하지 않았다.

"그렇다면 알렉사가 만드는 탑에 어울리는 다른 블록이 있는지 선생님이랑 함께 찾아보자."

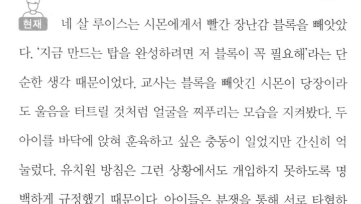

현재 네 살 루이스는 시몬에게서 빨간 장난감 블록을 빼앗았다. '지금 만드는 탑을 완성하려면 저 블록이 꼭 필요해'라는 단순한 생각 때문이었다. 교사는 블록을 빼앗긴 시몬이 당장이라도 울음을 터트릴 것처럼 얼굴을 찌푸리는 모습을 지켜봤다. 두 아이를 바닥에 앉혀 훈육하고 싶은 충동이 일었지만 간신히 억눌렀다. 유치원 방침은 그런 상황에서도 개입하지 못하도록 명백하게 규정했기 때문이다. 아이들은 분쟁을 통해 서로 타협하는 법을 스스로 터득해야 했다. 루이스가 빼앗은 빨간 블록을 자기 탑에 올려놓는 모습을 보고 화가 난 시몬은 괴성을 지르기 시작했다. 결국 시몬은 루이스의 탑을 부숴버렸다. 큰 소리로 엉엉 우는 두 아이를 지켜보며 교사의 마음도 언짢아졌다.

네 살밖에 안 된 아이라면 또래 집단에서 다툼이 있을 때 어른의 도움을 받아 서로 조율하는 방법을 여러 차례 반복 훈련해야 한다. 그러나 앞의 두 사례 모두 이런 과정은 없었다. 물론 다툼이 생길 때마다 갑자기 교사가 개입해 규칙을 설명하고 상기시켜야 한다는 말은 아니다. 그렇지만 유치원

연령대의 정신 발달 수준을 감안하면 어느 정도 그럴 필요가 있다. 적절한 사회적 행동을 터득하는 십 대 청소년이 될 때까지 여러 번의 담금질이 필요하기 때문이다. 네 살 루이스가 아무리 자기한테 필요하다고 해도 빼앗은 빨간 블록을 되돌려주는 걸 받아들이지 못한다면, 여섯 살이 되어도 같은 상황에 처했을 때 여전히 납득하지 못할 것이다.

유치원은 이런 태도를 시기적절하게 고쳐나가며 '욕구 좌절 인내성'(욕구의 좌절이나 불만을 견디는 능력.-옮긴이)과 같은 기본적인 사회적 능력을 기르기에 적절한 장소이다. 1990년대만 해도 아이의 문제 행동이 눈에 띄면 그 즉시 교사가 개입해 아이에게 올바른 행동을 지도하고 훈련시켰다. 그러나 현재는 교사가 말 그대로 한 발 뒤로 물러서도록 하고 있다. 이렇게 아무런 제지 없이 자기중심으로, 흥미 위주로만 결정하고 매사를 조종하려는 루이스의 행동을 가능케 하는 아주 이상적인 환경이 조성된 것이다.

유치원에서 나이가 많은 아이들이 어린 동생들에게 가르침을 줄 수 있다고 변론한다면 이는 명백한 오류다. 어른의 지원 없이 어린 동생들에게 모범이 되고 가르침을 전할 수 있는 범위는 극히 한정적이다. 덧붙여 말하자면 다섯 살 동생에게 일곱 살이 우상처럼 보이는 것처럼 열네 살에게는 열여섯 살이 뭔가 대단한 존재로 여겨진다. 어린 동생들은 나이가 많은 아이들의 행동을 보고 따라한다. 그러나 이러한 유치원생의 행동 방식이 사회적으로 원만한 대인 관계를 형성하는 데 도움이 되는지는 매우 의심스럽다.

정서적·사회적 능력이 발달 중인 아이들을 보살피는 일은 날마다 도전의 연속이다. 부모라면 누구나 수긍할 것이다. 좀 더 나이가 많은 아이 혹은 동년배 아이들에게 전권을 맡기고 어른은 잠시 뒤로 물러나서 아이들의 본능이 이끄는 대로 두는 건 어른의 역할을 방기하는 것이다. 아이에게 전권을 준 상태에서 마음대로 행동하게 둔다면 결국 아이스스로 감당하기 힘든 책임을 져야 하는 부담이 생긴다.

이렇게 생활하던 루이스가 유치원을 졸업하고 학교에 입학하면 어떻게 될까? 학교에서의 모든 활동은 무엇보다 학습 지향적이어야 한다. 배움 자체를 즐기고 학습 속도를 스스로 조정할 수 있을 때 학생은 열심히 공부할 수 있다. 그러나 오늘날 유치원 교사들처럼 학교 교사도 그저 학습 동반자 역할에 만족해야만 한다. 학교의 이런 조치는 발달이 어느 수준에서 멈춰버린 아이들에게 인생을 알아서 살아가라고 하는 것과 다름없다. "원하는 대로 재미와 흥미에 따라 살아도 된다", "선생님이 잘못된 행동을 발견한다 한들 아무것도 제지하지 못하니 마음대로 해도 좋다"고 허락한 셈이다. 타인의 말을 귀담아 듣고 공감할 줄 알며 좌절감을 표출하지 않고 하기 싫은 일도 참아내는 기초적인 사회적 능력을 배양하지 않는다면 유치원에서 그랬듯 학교에서도 충돌은 피할 수 없다.

선생님이 아이들에게 결정 권한을 준다면 아이들과 사이 좋게 잘 지낼 수는 있겠지만 아이들의 정신 발달 과정에는 심각한 결함으로 작용할 것이다. 루이스는 영리한 편이었기 때문에 4학년이 될 때까지 좋은 성적을 받으려고 안간힘을 쓸 필요도 없었다. 유일한 문제라면 조용히 앉아 공부하고 연습해야 한다는 규칙이 따로 없다 보니(혹은 있어도 규칙을 준수해야 한다고 요구하지 않기 때문에) 교사와 학생 모두 학교생활이 스트레스로 가득했다.

고학년에서도 이런 태만은 공공연히 나타난다. 5~6학년 담임 교사들이 내게 하는 말은 언제나 비슷했다. 아이들의 재능과 숙련도가 갈수록 떨어진다는 것이다. 상급 학교의 한 교사는 이런 현상을 다음과 같이 정리했다.

"그룬트슐레 학생의 실력은 한눈에 예측이 가능하다. 핵심과 본질을 이해하는 아이들의 능력이 갈수록 떨어지고 있다. 먼저 아이들에게 제대로 쓰고 계산하는 법부터 가르쳐야 한다. 대다수의 학습 태도는 언급할 가치가 없을 정도인데 하물며 '욕구 좌절 인내성'은 어떻겠는가. 이런 현안은 우리 교사들도 해결하기 힘든 문제다."

너무 많은 기회를 빼앗아가는 사회

그러면 학생은 어떠할까? 학생의 입장에서도 곧 부딪칠 벽을 향해 질주하는 격이다. 아이들은 학업의 장에서 교육을 받는 것이 아니라 스스로 짠 학업 계획에 따라 움직여야 한다. 학습 태도를 충분히 고민하고 훈련한 학생은 단 한 명도 없다. 아이들은 세상이 예상과 다르게 움직인다는 걸 조금도 인지하지 못했다. 학생들에게도 이러한 상황이 매우 난감하고 당황스러운 건 매한가지다. 모든 게 낯설고 익숙하지 않은 환경에서 어떻게 잘 헤쳐 나갈 수 있단 말인가? 대다수 부모는 자기 아이들이 좋은 성적으로 졸업 또는 입학 시험을 통과하기를 바라면서 은근히 압박하고 있다. 그결과 학습의 즐거움은 일찌감치 사라져버렸다. 갈수록 이런 부모의 압력에 반항하는 학생이 늘고 있다는 사실이 그리 놀랍지만은 않다.

루이스에게 큰 행운이 따라서 아이들의 정신 발달 과정에 생긴 틈을 함께 메워주는 교사를 만난다면 지금까지의 실수도 충분히 만회할 수 있다. 학습 태도를 올바르게 고치고 불가능할 거라며 포기했던 일을 성취하는 것이 얼마나 멋진지 몸소 체험하게 될 것이다. 오늘날의 학교생활이란 생후 10~16개월 정도에 불과한 연약한 정신적 기반 위에 능력이라는 탑을 쌓는 것이나 다름없다.[5] 흥미만을 추구하는 학생의 태도에 수업 시간은 학생에게도 교사에게도 고통스러운 시간일 뿐이다(그렇지만 누구나 주변 분위기나 환경에 금세 익숙해진다). 무엇보다 나는 앞서 언급한 어린이 및 청소년의 심각한 정신적 결함을 짚고 넘어가려 한다. 이런 아이들에게는 흥밋거리만을 추구하거나 타인을 조종하려는 행동 외에 또 다른 문제가 있다. 청소년이라면 꼭 가져야 할 미래에 대한 개념 자체가 희미하다는 것이다. 물론 이런 아이들도 2주 뒤에 출시될 예정인 컴퓨터 게임에 맞춰 일정을 계획하고 대비하는 일은 척척 해낸다. 그러나 미래에 담긴 진정한 의미 따위는 거들떠보지도 않는다.

간단히 말해서 루이스에게는 기초적인 사회적 능력이 매우 부족하다. 신체 나이에 상응하는 정신 발달을 갖추지 못했기 때문이다. 이렇게 정신 발달 수준이 신체 나이보다 뒤

처진 아이는 사회적 능력도 한참 떨어지기 마련이다. 이런 아이들은 꼭 해야 하는 일임에도 자신이 흥미를 느끼지 못하면 움직이려 하지 않는다. 좌절하게 만드는 상황에서 인내하고 견디는 능력도 부족하다. 오직 무의식적으로 타인을 조종하는 데 에너지의 대부분을 쓸 뿐이다.

우리 사회는 배우려는 열의로 가득한 학생이 줄어드는 현실의 원인을 출산율 저하로 해석한다. 그러나 내 경험을 바탕으로 생각해보면 청소년의 미숙한 정신 발달이 근본 원인이다. 계속 감소 중인 출산율만 따지는 대신 이제는 우리 아이들이 올바른 정신 발달 과정을 거쳐 건강하게 성장할 수 있는 사회 환경을 조성하고, 그럼으로써 진정한 어린 시절을 온몸으로 체험하도록 적극적으로 노력해야 할 때다.

이때 무엇보다 루이스가 바라보는 관점을 잊어서는 안된다. 누구보다 가장 많은 걸 놓치고 잃어버리는 건 바로 이 아이이기 때문이다. 루이스는 건강한 정신 발달의 기회, 올바른 대인 관계 형성의 기회, 살면서 위기에 처했을 때 빛을 발할 자존감과 자기 확신을 다질 기회, 강한 자립심과 풍부한 감성으로 가득 찬 다채로운 삶의 기회들을 잃어버리고 있다.

아무리 정서적 능력이 부족하다고 해도 어느 시점에 이

르면 뭔가 잘못됐다는 걸 깨닫기 마련이다. 그럴 때 대다수는 의욕 상실과 동기 결여를 느끼며 그 이유를 자신이 우울하기 때문이라고 자가 진단한다. 그러나 아이들의 실상은 그렇지 않다. 정말 우울증이라면 간단한 자가 진단만으로 파악할 수 없기 때문이다. 루이스는 도무지 재미라고는 찾을 수 없는 학교생활과 공부, 의기소침한 기분만 경험할 뿐이다. 아이들은 컴퓨터 게임처럼 좋아하는 것은 몇 시간을 해도 조금도 지루해하지 않는다. 반면 진짜 우울증은 모든 삶 자체를 잠식한다.

루이스는 단지 잠시 길을 잃어버린 것뿐이다. 정신이 성장을 거부한 채 그냥 주저앉는 바람에 방향을 잃어버렸고, 제한이나 경계가 사라진 상황 속에서 길을 잃어버린 것이다.

PART 2

갈팡질팡하는 어른들, 외로운 아이들

4   아이를 향한 사랑에 눈이 먼 부모

요즘은 '헬리콥터 부모'를 웃음거리로 삼는다. 자식이 있는 사람들조차 신문 혹은 잡지에서 아이 주변을 맴돌며 사사건건 감독하고 해결해주는 부모에 관한 기사를 접하면 비웃곤 한다. 그뿐인가? 아이 앞에 놓인 장해물은 모조리 치워주는 '컬링 부모', 자식을 무섭게 다루고 혹독하게 교육하며 최고의 성과만을 요구하는 '타이거 부모'도 빼놓을 수 없다. 아무튼 결과는 모두 동일하다. 이런 부모들은 아이가 숨 쉴 틈조차 허락하지 않는다.

굳이 비교하자면 헬리콥터 부모는 나머지 둘과 약간의 차이가 있다. 물론 자식에게 최고만을 해주려는 부모의 마음은 누구나 똑같다. 다만 이런 부모의 마음은 아이가 근심 걱정 없이 행복을 누리면서 자유롭게 세상을 탐험하고 스스로 성취하는 경험을 쌓도록 기회를 주는 데 집중되어야 한다. 아마도 이런 의견에 이의를 제기하고 동의하지 않을 부모는 그 어디에도 없을 것이다. 누구라도 처음부터 자식을 품에 꼭 끌어안고 아이가 평생 의존적인 삶을 살기를 바라지 않았을 것이다. 아이가 학교에서 문제를 일으켰을 때 변호사로 둔갑해 으름장을 놓으며 제 자식만 감싸고 도는 부모가 되려고 마음먹은 사람은 없다. 또한 최고가 되기만을 바라면서 의도적으로 아이를 혹독하게 몰아붙이고 이것저것 강요하는 부모도 존재하지 않는다.

가장 큰 문제는 많은 부모들이 자식 문제라면 흥분을 조절하지 못한다는 점이다. 이런 부모들은 아이에게 일어난 일을 지나치게 개인적으로 받아들인다. 예컨대 루이스가 시합에서 지기라도 하면 루이스의 엄마는 자신이 패배한 것처럼 느낀다. 루이스가 지리 과목에서 성적이 좋지 못하면 루이스의 아빠는 마치 자신이 낙제를 한 것처럼 절망한다. 루이스의 부모는 알렉사의 부모가 가지고 있는 침착하고 태연하게 아이들을 바라보려는 자세가 부족하다. 이렇듯 부모가 온종일 비상 상태이다 보니 가정에서도 다툼과 고성이 끊이지 않는다.

알렉사의 부모는 아이의 성장을 곁에서 지켜보며 올바른 성인이 될 때까지 함께한 모든 과정에서 보람과 기쁨을 느꼈다. 가정은 화목하고 아이와 부모는 많은 걸 공유했다. 저녁이면 알렉사가 잠자리에 들기 전까지 함께 보드게임을 했고 주말이면 드라이브나 나들이를 나섰다. 알렉사가 일곱 살이 되면서 저녁 8시쯤 잠자리에 들었기 때문에 부모도 조용하고 차분한 자유 시간을 충분히 누릴 수 있었다. 물론 이 시간은 알렉사에게는 아무것도 하지 않아도 되는 휴식 시간이었다. 알렉사도 때로는 욕심을 부리고 떼를 쓰기도 했지만 부모는 조금도 휘둘리지 않고 단호한 입장을 고수했다. 어제만 해도 알렉사가 약속했던 시간까지 집에 돌아오지 않았기 때문에 일주일간 TV 시청 금지령을 내렸다. 그렇지만 저녁 식사 후 함께 하는 보드게임만큼은 그대로였다.

현재 루이스의 부모는 아이를 키우는 것을 마치 끝없는 전쟁처럼 느꼈다. 청소·숙제·시험공부·집안일 등 사소한 것 하나하나 잔소리를 하지만 조금도 나아질 기미가 보이지 않는다. 아이가 움직이게 하려면 등골이 오싹해질 정도로 몰아쳐야만 가능했다. 루이스는 매일마다 녹초가 될 정도로 주도권 싸움을 벌이다 잔뜩 짜증난 채로 학교에 갔다. 성적만큼은 상위권이었지만 친구들이 자신을 따돌린다는 얘기를 꺼낸 순간 집안에는 전쟁 분위기가 감돌았다. 어제만 해도 운동장에서 있었던 다툼 때문에 담임 선생님의 연락을 받았던 터였다. 선생님은 루이스가 먼저 잘못했다고 말했다. 루이스의 엄마는 선생님이 그 말을 다시 거두어들일 때까지 목청을 높여 다그쳤다. 그러나 한번 그러고 나면 온몸에 힘이 쭉 빠지고 만다. 저녁 식사 시간, 이렇게 지쳐버린 부모가 소파에 쓰러져 있으면 루이스는 아무런 방해도 없이 게임에만 몰두할 수 있어 이런 상황이 마냥 반갑기만 했다. 드디어 진정한 혼자만의 시간이 찾아온 것이다.

조금은 더 고요하고 평온한 항로를 개척하려면 루이스 부모는 어떻게 해야 할까? 행복하고 사이좋은 가정생활은 비단 부모의 몫뿐만 아니라 아이의 역할도 매우 중요하다. 무엇보다 단 한 가지 사항만 깨닫는다면 충분히 스트레스 없는 조화로운 가정으로 거듭날 수 있다. 지금 루이스의 가정에는 부모와 자식 관계에 바이러스가 침투했다. 바로 '공생共生'이다.

생각조차 하지 못했던 엇나간 관계

부모 자식 간의 공생 관계란 무엇일까? 자식과 공생 관계에 빠진 부모는 무의식적으로 자기 자신과 아이를 구분하지 못한다. 이런 부모에게 자식은 제 몸이나 다름없다. 부모는 아이가 겪는 모든 걸 자신의 일처럼 일일이 반응하는 것을 멈추지 못한다. 아이의 모든 일은 바로 부모의 일이 되기 때문이다.

공생의 바로 전 단계는 동반 관계다. 이 단계에서도 어른과 아이라는 계급 구조가 사라진다. 이런 방식이 제대로 흘러가지 못한다는 건 누구나 예상했던 바다. 앞서 2장에서 설명했던 것처럼 아이를 아이로 대우하지 않고 부모의 눈높이에서 작은 성인으로 간주하는 이런 관계는 아이에게도 재앙이나 마찬가지다. 이로써 근심 걱정 없는 어린 시절은 사라져버린다. 좀 심하게 말하자면 이런 동반 관계 속에서 성장한 아이는(의식하지 못했던 것이라 해도) 정서적 측면에서 학대를 받은 것이다.

물론 아이가 태어난 후 처음 몇 달 동안 엄마 사이에 형성되는 공생 관계는 당연한 과정이다. 실제로 엄마는 갓난아이가 배고픔에 울기 시작하면 즉각적인 신체 반응을 느껴

곧장 우는 아이 곁으로 다가갈 수밖에 없다. 이렇듯 자연의 섭리는 갓난아이가 항상 곁에 있는 엄마를 보고 느끼며 유대감이라는 매우 중요한 감정이 발달할 수 있도록 했다. 아이의 정신 발달 과정에는 다음 성장 단계로 넘어가는 것이 특히 중요하다. 기는 법을 터득한 아이는 주변 세상을 탐험할수록 더 많은 걸 원하게 된다. 부모는 본능적으로 이런 탐험을 허락한다. 그러나 부모와 아이의 정신이 하나로 결합된 상태가 지속되면 탐험은 멈추고 아이의 정신도 더는 성장하지 못한다.

내가 어린이와 청소년을 대상으로 상담 치료를 시작한 1985년만 해도 부모와 아이 사이의 지속적인 공생 관계는 상상조차 하지 못했다. 내가 볼 때 공생이란 사람의 정신에 생기는 질환의 일종으로 두꺼운 전공 서적에만 있을 뿐 실제로 현실에서는 극히 드문 케이스라고만 생각했다.

어느 날, 조현병을 앓고 있는 아들 문제로 한 엄마가 상담을 위해 내 진료실을 찾았다. 아들과의 관계에 약간의 거리가 생기자 이 세상에서 자신이 녹아 없어지는 감정이 들 지경이라며 너무 괴로워했다. 아이의 세상이 확장되는 걸 원천 봉쇄한 공생 관계의 결과였다. 그 아이는 초등학교에 갈 나이가 다 되어서도 옷조차 혼자 제대로 입지 못했다. 그렇게 공생 사례를 처음 접한 이후 2003년 무렵부터 유사한 케이스가 갈수록 늘어났다. 이런 현상의 근본적 원인은 부모의 정신건강이 아닌 시대적·사회적 변화 때문이다. 사실 나는 이런 상황이 가능하리라고 생각조차 하지 못했다. 원인은 다양했지만 결과는 동일했다.

오늘날 내 진료실을 찾아오는 부모 중에는 아이와 공생 관계에 있지 않은 부모를 찾기 힘들다. 불과 20년 사이에 부모와 자식 관계가 이렇게까지 극단적으로 전복될 수 있는 것인지 도저히 믿을 수 없다.

이런 공생 관계는 내 진료실을 찾아오는 부모만의 문제가 아니다. 노련한 정원사는 잠시 길을 걷는 순간에도 주변에 보이는 정원이 관리가 잘 되어 있는지 혹은 특별한 식물이 자라는지 단번에 알아차린다. 소아정신과 전문의인 나 또한 그렇다. 진료실에서 기다리는 부모와 아이를 보면 그런 모습들이 한눈에 들어온다. 정신 발달 측면에서 건강한 상호 작용을 보이는 경우는 극히 드물었다. 그만큼 공생 관계는 부모와 자식 관계에서 매우 보편적인 케이스로 이미 자리를 잡은 것이다.

공생 관계에 빠져 자식을 마치 몸에 돋아난 세 번째 팔처럼 느끼는 부모가 살아가는 방식은 어떠할까? 부모는 아이를 다른 인격체로 보지 않고 아이와 밀접한 상태를 고수한다. 그 결과 부모는 아이가 처한 상황에 차분하고 냉정하게 개입할 기회조차 상실했다. 팔이 부딪치면 고통을 느끼는 것과 같은 이치다. 우리는 고통이 전달되면 순간 반사적으로 "아야!"라고 외치며 팔을 치운다. 또한 팔이 가려우면 긁어야 가려움이 가신다. 내 진료실에서 있었던 다음 사례만 봐도 공생 관계에 빠진 부모와 자식 관계가 어떤 의미인지 가늠할 수 있을 것이다.

 부모는 아이와 함께 대기실에서 순서를 기다리고 있다. 아이가 바닥에 종이를 떨어트리자 엄마가 말한다.

"애, 종이 좀 주워!"

순간 아이 옆에 있던 아빠가 몸을 숙이더니 떨어진 종이를 주웠다.

이런 모습을 보고 '뭐가 이상하지?'라는 의문이 든다면 여러분도 이미 심각한 상태다. 아빠가 불평하는 엄마의 모습이 언짢고 마음 편히 있고 싶은 마음에 직접 종이를 주운 것이 아니기 때문이다. 아빠의 이런 반응은 거의 반사적이었다. 아이가 종이를 떨어트렸으니 아이가 주워야 마땅하다. 그런데도 떨어진 종이를 주운 건 아이의 아빠였다. 그건 그 아이가 아빠와 한 몸처럼 연결되어 있기 때문이다.

오늘날 아이의 요구가 거의 예외 없이 받아들여지는 이유는 바로 공생 관계 때문이다. 아이는 새로운 장난감을 갖거나 보고 싶은 공연을 보기 위해 생일이나 크리스마스를 손꼽아 기다릴 필요가 없다. 아이의 소망이 제때 원하는 대로 실현되지 않는다면 그건 분명 가정의 형편 탓일 것이다. 참을 줄 아는 아이로 성장하는 것이 아이에게 훨씬 유익하다는 걸 부모도 잘 안다. 그러나 공생 관계에 빠진 부모는 아이에게 "안 돼!"라고 거절하지 못하다 보니 머리로는 익히 알고 있는 이 진리를 직접 행동으로 옮기는 데 실패한다. 결국 아이의 계산대로 모든 상황이 흘러간다.

부모가 자신과 아이를 따로 분리해 인지하지 못하는 상황에 처하면 이 상태를 차분한 시각으로 되짚어 볼 수 있는 기회도 사라진다. 엄연히 감각이 느껴지는 팔이 제 팔이 아니라고 의심하는 사람은 없다. 실수로 뜨거운 가스레인지에 손을 대고는 '지금 내 손이 정말로 뜨거운 거 맞나?'라는 의심을 품지 않는다. 반사적으로 아이 편에 서는 부모 역시 그

렇다. 한 사립 학교의 교장이 들려준 다음 사례도 이런 식으로 눈이 멀어버려 생긴 전형적인 사건이다.[1]

현재 쉬는 시간에 한 학생이 다급하게 교장실 방향으로 뛰어오는 소리가 들렸다. 그리고 뒤에서 누군가가 위협적인 목소리로 소리쳤다.

"잡히면 가만 안 둔다! 이 멍청한 놈아!"

이 소리를 들은 교장은 뒤쫓아 온 학생을 불러 세울 의향으로 급히 밖으로 나갔다. 자신의 행동이 학교 규칙에 어긋난다는 걸 잘 알고 있던 그 학생은 교장의 등장에 적잖이 당황했다. 교장은 그 학생에게 벌로 일주일 동안 책상 청소와 학교 규칙 필사를 지시했다.

토요일 아침, 학생의 어머니로부터 다음과 같은 내용의 이메일이 도착했다.

"교장 선생님께서 내 아들 루이스에게 벌로 청소와 학교 규칙 필사를 지시하신 건 부당하다고 생각합니다. 내 아들은 분명 그런 말도 행동도 하지 않았습니다."

황당한 이메일에 교장은 그 즉시 회신했다.

"어머님, 제가 바로 그 자리에 있었습니다."

그로부터 몇 분 뒤, "우리 아이는 절대 그랬을 리가 없습니다"라는 어머니의 확고한 태도가 담긴 메일이 도착했다.

부모가 아이를 신체의 일부처럼 생각하며 공생적인 태도를 취하기 시작하면 아이는 엄청난 권한을 갖게 된다. 모든 행동은 옳다고 인정받을 수 있고 원하는 건 거의 대부분 얻을 수 있다. 어쩌면 아이는 이런 공생 관계를 무척이나 행복한 시간으로 느낄 수 있다. 그러나 현실은 정반대다. 다시 말해, 무한대의 자유가 허락되는 것이 아니라 오히려 한정된 공간에 갇힌 것과 다름없다.

공생 관계에 있는 부모와 아이는 지속적인 공감대를 형성하고 서로 감정을 교환한다고 생각할 수도 있다. 그러나 현실은 그렇지 않다. 사이좋게 보내는 순간은 손에 꼽을 정도고 서로 짜증만 내거나 각자 휴대폰만 바라볼 것이다. 공생 관계에 빠진 부모와 아이는 마음을 열고 진솔한 대화를 나눌 수 없다.

 현재 한 교사는 학생들과 함께 체험 학습 프로그램의 일환으로 연극을 관람했다. 다음 날, 교사는 학부모 회의에서 체험 학습에 대한 아이들의 반응이 어땠는지, 학부모의 의견은 어떤지 물었다. 하지만 전날 체험 학습에 대해 대화를 나눈 가정은 단한 가정도 없었다. 아이와 함께 극장을 방문했던 두 부모만이 체험 학습에 대한 의견을 제시할 뿐이었다.

부모와 루이스 모두 참으로 딱한 상황이 아닐 수 없다. 공생 관계에 빠진 부모는 아이에게서 멀어지는 걸 참지 못하는 헬리콥터 부모가 된다. 이런 증상을 보였던 한 부모는 아이와 유대감을 덜 느낄 때면 자신이 마치 마취되어 감각을 느낄 수 없는 입이 된 것 같다고 설명했다. 자신의 손이 닿지 않는 곳에 아이가 있으면 참기 힘든 신체적 고통을 느낀다고 털어놓은 부모도 있었다. 이런 반응을 보면 과보호 문제를 넘어 실제로 아이를 신체의 일부처럼 생각하는 부모의 욕심을 느낄 수 있다. 물론 의도한 것이 아니라 무의식적인 태도이지만 그렇기 때문에 훨씬 더 강력하다. 매순간 아이의 위치를 파악하고 행동을 통제해야 마음이 놓일 것이다. 매우 모순적이지만 아이와의 관계에 대한 강렬한 욕구와 기묘한 무관심이 함께 피어오른다. 그렇다 보니 때때로 교사들은 다음과 같은 상황을 목격하게 된다.

현재 　열한 살 루이스의 엄마는 곧 떠날 수학여행에서 휴대폰을 사용하지 못하게 하려는 담임 교사의 의지에 맞서 격렬히 항의했지만 입장을 바꾸지 못했다. 루이스와 며칠 동안 제대로 연락을 주고받을 수 없는 상황이 되자 엄마는 기분이 매우 언짢았다. 신체적인 이상 반응마저 보여 병원을 방문해야 할 정도였다. 그로부터 3일 후, 수학여행이 끝나고 아이들을 태운 차량이 도착했을 때 마중 나온 부모 중 그 어디에도 루이스의 엄마는 보이지 않았다. 쇼핑을 해야 했던 루이스의 엄마는 다른 부모에게 루이스를 부탁했던 것이다. 루이스의 엄마는 그저 아이의 소재만 파악할 수 있다면 그걸로 충분했기 때문이다.

　루이스 엄마의 행동은 매우 모순적이다. 처음에는 휴대폰 금지령 때문에 그렇게 격렬하게 반응하더니 정작 수학여행에서 돌아오는 아이를 마중 나오지 않았다는 건 쉽게 이해하기 어렵다. 이 사례를 통해 짚어보려는 점이 있다. 정신적인 부분은 이성적이고 논리적인 기대로 접근할 수 없다. 정신은 이성에 따라 작동하지 않는다. 따라서 공생 관계에 빠진 부모가 보이는 여러 행동을 보면 이해하기 힘든 경우가 많다. 잘못된 인지 체계에 빠져 있기 때문이라고 이해한다면 그나마 납득하기 수월해진다. 사람은 누구나 각자만의 고유한 사고방식과 행동 양식에 따라 인지하고 반응한다. 뇌에는 서로 상이한 두 방식이 서로 얽혀 있어 상황에 따라 두 방식을 자연스럽게 넘나드는 것이 불가능하다. 결국 양자택일해야 하는 상황에 처한다.

한 몸이 된 부모와 아이

타인이 보내는 신호도 여기에 해당된다. 그 신호를 몸으로 느끼며 감성적인 반응으로 이어지고 이를 지각한 사람의 인격에도 그 영향이 전달된다. 예컨대 '상대가 친절하면 나도 친절하게 대한다'는 반응 공식도 이럴 때 등장한다. 부모와 자식 관계에서는 아이에게 언제, 어떻게 관심을 보이고 신경을 쓸지 아빠와 엄마가 중심이 되어 결정하는 태도로 이어진다. 이런 체계 안에서는 부모가 침착한 태도를 유지할 여유가 충분하다.

퇴근 후 집에 돌아온 알렉사의 아빠는 온통 난장판이 된 부엌을 발견했다. 알렉사가 친구와 함께 팬케이크를 구웠기 때문이다.

"알렉사! 지금 당장 부엌을 깨끗이 치우지 않으면 다음부터는 부엌을 쓸 수 없을 거다."

알렉사는 번거로운 뒷정리를 피하고 싶었지만 아빠는 강경했다. 결국 알렉사는 부엌을 치우기 시작했다. 아빠도 조용히 뒷정리를 도왔다. 신나는 음악을 크게 틀어놓고 함께 치우다 보니 청소는 금방 끝났다.

뭔가 이상 신호를 감지하면 대부분 신체 감각 기관에서 그 자극을 알아차린다. 예를 들어 무릎이 시리거나 위가 쥐어짜인 듯 뒤틀리는 식이다. 이런 신체 반응을 통해서 우리의 뇌는 비상경보를 즉각 발동한다. 사람은 몸으로 직접 감지하는 느낌에 계속 반응할 수밖에 없다. 이때 침착함을 찾아볼 여지는 조금도 없다. 뜨거운 불판에 손이 닿는데도 '오, 정말 손바닥이 데일 정도로 뜨겁네. 어쩌면 좋지?'라고 생각하며 머뭇대는 사람은 없다. 반사적으로 반응할 뿐이다.

공생 관계에 빠진 부모는 신체를 통해 느끼는 외부 환경의 자극 때문에 태도가 돌변한다. 이에 따라 아이는 더 이상 '주변인'이 아닌 '신체 일부'가 되어버린다. 그렇게 부모는 아이와 관련된 모든 일에 언제나 비상경보 태세를 갖게 된다.

루이스의 성적이 엉망진창으로 나오면 시작될 비극과 부모의 극단적인 행동은 따 놓은 당상이다. 그러면 그 즉시 대가를 치러야 한다. 예컨대 오래전부터 계획했던 여행이 취소되고 보충 수업을 가야만 한다.

루이스가 학급을 소란스럽게 선동한다는 담임 교사의 평가에 부모는 개인적으로 공격을 받았다는 느낌을 지울 수 없다. 앞으로 루이스가 규칙을 지킬 방법을 함께 고민하기보다 그런 문제 행동을 일으킨 원인이 어디에 있는지 궁금해한다. 문제가 생기면 부모는 아이가 납득할 때까지 끝까지 논쟁하거나 루이스가 다음에 그렇게 행동하지 않도록 따끔하게 혼내는 것 외에 달리 방법이 없다. 공생 관계에 사로잡혀 있지 않았다면 절대 성공할 수 없다는 걸 금세 깨달았을 것이다.

 현재 퇴근 후 집에 돌아온 루이스의 아빠는 온통 난장판이

된 부엌을 발견했다. 루이스가 친구와 함께 팬케이크를 구웠기 때문이다.

"루이스, 말해봐! 도대체 무슨 생각으로 이 난리를 친 거야? 아빠가 회사 다녀오면 엄청 피곤한 상태라는 거, 너도 잘 알잖아! 너마저도 나를 이렇게 힘들게 해야겠어? 어서 부엌 치워."

"그렇지만 지금은 나도 너무 피곤해요."

"30분 안에 부엌을 깨끗이 치우지 않으면 휴대폰 압수야!"

"아빠, 그건 안 돼요! 숙제하려면 휴대폰 꼭 필요하다고요!"

그 후로도 아빠와 루이스의 언쟁은 계속됐다.

공생에 빠진 부모는 아이의 잘못된 행동의 이유를 묻곤 한다. 그러나 이런 질문은 사실 아무 의미가 없다. 교통경찰은 불법 주차를 한 운전자에게 "여기에 주차하신 이유가 뭐죠?"라고 묻지 않는다. 조용히 과태료 고지서를 전달할 뿐이다. 과태료 고지서를 몇 장이나 받을지는 운전자가 결정한다. 일부는 첫 과태료만으로도 반성하고 성실히 규정을 준수하지만, 어떤 이는 최소 50장은 받아야 이제 그만해야 겠다는 결심을 하기도 한다. 아이도 마찬가지다. 숙제를 하든 안 하든 결정은 아이가 한다. 그 누구도 아이가 숙제를 하도록 강제할 수 없다. 숙제를 할 생각이 손톱만큼도 없는 아이를 어떻게 하면 바꿀 수 있을까? 의자에 묶어놓으면 가능할까? 손을 잡아 책상 앞으로 이끌면 가능할까? 아이와의 주도권 전쟁은 기력만 소모하게 할 뿐 부모는 이 전쟁에서 단 한 번도 승자가 되지 못한다.

공생 관계에 빠진 가정에는 항상 핑계가 넘쳐흐른다. 아이가 아무 말 없이 자기 방으로 사라져버리면 "제법 머리가 컸다"고 말하고, 무의미한 언쟁을 한참 하고 나서는 "부모를 이겨먹으려 한다"고 불평하고 만다. 이웃집에서 항의가 들어올 정도로 소리를 지르며 주장을 고집하면 "주관이 너무 강해서 문제"라 하고, 부모의 대화에 끼어들어 상관없는 이야기를 늘어놓으면 "저 오지랖을 어떻게 하나"라고 치부해버린다. 의자에 한시도 가만히 앉아 있지 못하고 산만하게 움직이면 "혈기왕성한 나이"라며 그러려니 하면서도 받아쓰기 연습을 하지 않으려 하면 '읽기와 쓰기에 장애가 있는 것은 아닐까?' 하고 과도하게 걱정한다. 아이는 부모의 이런 핑계들을 보며 자신의 문제 행동을 정당화한다.

이와 더불어 사춘기라는 카드는 그 무엇도, 누구도 대항할 수 없게 만든다. 부모는 이것만으로 아이의 거의 모든 행동을 이해하려 한다.

여덟 살 루이스의 부모가 아이의 진단 결과를 듣기 위해 내 앞에 앉았다. 담임 교사에 따르면 루이스는 친구들의 머리카락을 잡아당기고 공책을 찢고 수업 시간에 마음대로 떠들었다고 한다. 루이스에게는 정상적인 여덟 살 어린이의 정신 발달 수준에서 충분히 기대 가능한 욕구 좌절 인내성이 부족한 것으로 보인다는 나의 진단을 부모는 조금도 받아들이지 않았다. 부모는 이제 여덟 살인 아이가 조금 빠르게 사춘기에 접어든 거라고 확신하고 있었다.

그러나 아무리 핑계가 좋다 한들 현실은 변하지 않는다. 공생 관계에 빠진 가정은 매사를 단순하고 명쾌하게 처리하지 못한다. 아이가 어릴 때는 부모도 어느 정도 참을 수 있다. 그러나 아이가 중학생쯤 되면 날마다 펼쳐지는 테러 같은 상황에 부모의 인내심도 한계에 도달하고 만다. 아이 또한 부모가 왜 자신을 마음대로 휘두르려 하는지 납득하지 못해 고통받는 것은 마찬가지다.

자식에게 더 좋은 환경을 마련해주려고 애쓰지 않는 부모는 이 세상에 없다. 그런 부모의 노력을 비방하거나 단점을 들추려는 의도가 절대 아니다. 빠르게 변하는 사회의 희생양으로 본인의 의지와 상관없이 그릇된 인식 체계를 통해 공생 관계에 빠진 것이다. 안타깝게도 아이와 공생하는 부모는 자신의 상태를 쉽게 자각하지 못한다. 매우 폐쇄적인 인식 체계에 갇혀버렸기 때문이다.

교사·이웃·친척처럼 체계 밖에 있는 외부인에게는 그 모습이 훨씬 명확하게 보인다. 담임 교사는 낙제 점수를 받은 아이 문제로 학교에 변호사를 대동하고 오겠다며 으름장을 놓는 부모의 마음을 어느 정도 이해해야 한다. 이런 이해가 전제되어야 돌발 상황을 완화시킬 수 있다.

부모는 부모이고, 아이는 아이다

공생에 휩쓸려 부모가 잘못된 사고방식에 빠져버리면 진솔한 소통을 하기가 매우 어렵다. 진료실을 방문한 부모에게 아이의 정신 발달 수준에 대해서 설명할 때마다 엄청난 반발을 견뎌야 했다. 마치 나와 부모가 서로 다른 언어로 대화하는 것 같았다. 이들은 아이를 신체의 일부처럼 생각하는 체계에서 벗어날 생각이 없는 채로 조언을 구한다. 아이에게 운동 요법이 필요하다고 말하면 큰 반발 없이 수용하곤 한다. 그러나 이런 임시방편은 모두에게 좋지 않다. 최소한 아이들에게는 그렇다. 그렇다면 공생에 빠져버린 가정을 구할 방법은 없을까?

공생에 빠져 자신과 아이를 구분하지 못하고 항상 공황 상태인 부모가 그 상태에서 벗어나는 길은 딱 하나다. 가정이 올바른 방향으로 나아가려면 무엇보다 부모가 아이를 자기 신체의 일부로 생각하는 사고에서 벗어나야 한다. 아이를 위해서라면 뭐든지 할 수 있다는 벽을 허물어야 한다. 그리고 왜 이렇게 아이가 힘들어하는지 따져보기 시작한다면 그동안 자신이 아이에게 휘둘렸다는 걸 인정하게 될 것이다. 그 순간부터 부모는 아이를 자기 신체의 일부로 여기지 않고 적정 거리를 유지하며 아이가 건강하게 성장하도록 적극 지원할 수 있게 된다.

나는 여러 해 전부터 공생 관계에 빠진 부모의 회복을 위해 한 가지 행동 요법을 사용하고 있다. 아이는 물론이고 반려견도, 휴대폰도 없이 단 한 번만 혼자서 숲속을 산책하는 것만으로도 어느 정도 효과를 볼 수 있다. 이 행동의 핵심은 바로 평정심이다. 아이가 자신의 일부라는 사고가 늘 비상 상태를 불러왔으니 이번에는 정반대로 비상 상태에 있는 내면이 평정심을 되찾도록 하는 것이다. 그러면 아이와의 연결에서 자연스레 벗어날 수 있게 된다. 오롯이 나 혼자만 있는 산책. 외부의 방해 없이 나무 사이를 거닐어보자. 숲은 기분 좋은 울타리가 되고 나무 기둥은 담으로, 울창한 나무 잎사귀는 지붕이 된다. 마치 나를 보호하는 것 같은 이 공간에서 어느 정도 시간을 보내면 생각의 회전목마가 서서히 멈추고 시선이 한결 맑아지는 것을 느낄 수 있다.

언뜻 보면 아주 간단해 보이지만 그리 쉽지 않다. 기본적으로 우리의 정신은 어떤 대가를 치르더라도 변화를 방해하기 때문이다. 따라서 우리가 꼭 해야 할 일 중 하나가 바로 이 치료의 안정성을 확보하는 일이다. 어떻게든 꾹 참고 하면 성공할 수 있지 않겠냐는 안일한 생각은 버려야 한다. 서너 시간 오롯이 숲속 산책에만 집중하려는 계획을 훼방하는 정신의 저항은 만만치 않다. 6~8주 동안 숲속 산책을 실행하기로 했던 부모들도 실제로 산책에 나서기까지 최소 두 차례 이상 시도해야 했다. 그 이후로도 우리의 정신은 안간힘을 다해 새로운 변화에 거세게 저항한다.

숲속 산책을 성공적으로 마친 부모들이 들려준 경험담은 거의 동일했다. 처음 한 시간은 생지옥이나 다름없었다고 한다. 쉴 새 없이 움직이는 데 익숙한 정신은 여유로 넘치는 산책을 절대 허용하지 않는다.

10분이 지나면 휴대폰 생각이 간절해진다. 20분이 지나면 딴 생각에 머리가 아파오고 이제 겨우 30분이 지났지만 언제 끝날지 아득하게만 느껴진다. 40분 정도 지났는데도 돌아갈 시간을 계산하며 50분 정도가 되면 숲속 산책이라는 건 사기라는 생각마저 든다. 최소 한 시간에서 두 시간은 흘러야 긴장이 누그러지고 점차 반응이 오기 시작한다. 두 시간이 넘어가면 투덜거렸던 생각마저도 변하기 시작한다. 그제야 부모는 아이와의 관계를 자신과 분리해 바라보게 된다. 세 시간이 지나면 나아가야 할 방향을 재발견하고 아이와의 관계를 직관이 이끄는 대로 재정립한다. 이제 부모는 아이와 지나치게 밀착해 아이를 제대로 보지 못하는 일도, 아이가 자신의 세 번째 팔인 것마냥 여기는 일도 없이 아이를 오롯이 그 자체로만 직시할 수 있게 된다. 산책 요법을 반복한다면 생각의 변화는 더욱 확고해질 수 있다.

이런 사고의 전환은 상담의 효과를 더욱 풍성하게 하는 밑거름이 된다. 이렇게 마음의 변화를 받아들일 준비를 마친 부모는 6개월 이상 진행되는 상담을 통해 차츰 아이의 나이에 맞는 정서와 사회성 발달을 적극 지원하고 돕는 방법을 배워간다.

5

사면초가에
놓인 교사

앞에서는 일부 부모들이 그릇된 사고방식에 사로잡혀 있다
는 내용을 중심으로 설명했다. 자식과 공생하는 부모는 아
이의 성장 발달에 걸림돌이 된다. 그러나 유치원이나 학교
에서만큼은 하나의 인격체로 인정받고 타인과의 관계를 경
험하면 나이에 걸맞은 정신 발달이 가능하다.

　이번 장에서는 아이들에게 막대한 영향력을 행사하는 교
사를 중점적으로 살펴보려 한다. 또한 아이들이 나아가야
할 방향성을 제시해야 하는 임무를 가진 어른으로서의 역
할도 짚어볼 것이다.

인내심의 한계에 다다르다

아이들의 정신 발달 수준이 생후 10~16개월 단계에서 멈춘 상태가 교사에게 시사하는 것은 무엇일까? 앞으로 초등학교를 중심으로 이 문제를 풀어보려 한다. 하지만 이는 전반적인 측면에서 상급 학교에도 적용된다.

최근 초등학교 교사들을 만나면 학생들에게 수업 태도, 올바른 사회적 행동 그리고 읽기·쓰기·계산하기 같은 기초 지식을 가르치는 일이 얼마나 어려워졌는지 고충을 토로하곤 했다. 이런 지식은 1990년만 해도 아이가 앞으로 살아갈 인생에서 매우 중요하기 때문에 어떻게 해서든 꼭 갖춰야만 하는 필수 덕목이었다. 그러나 교육 정책의 목표에 맞춰 수업을 진행해야 하는 요즘 교사는 마치 승산 없는 싸움을 벌이는 것과 다름없다.

교사들은 마음을 터놓고 나와 상담하기까지 내면에서 일어나는 커다란 반발심을 감당해야만 했다. 학급에서 겪는 곤경이나 부정적인 일들을 언급하면 교사로서의 자질이 부족하고 게으르고 무능하다는 주변의 평가를 받게 될까 두려워했기 때문이다. 일부 교사는 학교장에게서 학교의 험담을 불허한다는 일종의 금지령을 받았다고도 고백했다. 때로는 허심탄회하게 토론할 준비가 되어 있지 않기도 했다. 불만이나 이의를 제기한 교사는 자신의 의사와 상관없이 타학교로 발령이 나거나 징계 차원으로 사람들이 맡기 꺼려하는 행정 업무를 산더미처럼 떠맡기도 했다.

현재 교육 환경에 문제를 제기하는 교사들은 많은 아이들이 학교에 입학할 자격과 수준을 갖추지 못하고 있는 것이 공공연한 문제라고 했다. 이런 우려는 아이들의 학교생활에 고스란히 나타났다.

아이들은 흥미가 생길 때만 수업에 집중하곤 했고 흥미를 느끼지 못하면 의자에 바른 자세로 앉아 있는 것조차 힘들 지경이었다. 아이들은 눈에 보이는 결과만 원할 뿐 과정이 필요하다는 것을 이해하지 못했다. 책이나 공책을 준비해오지 않는 것은 일상이고 숙제도 제때 해오지 않았다. 게다가 몇몇 아이들은 쉬는 시간이 끝나도 교실로 돌아오지 않았고, 돌아온 뒤에도 여전히 떠들곤 했다. 체육 활동을 위해 옷을 갈아입는 것도 한참 걸리곤 했다. 일부 아이들은 공격성을 있는 그대로 표출해 다른 친구들을 밀치거나 싸움을 걸기 일쑤였다.

이런 아이들이 가진 능력은 과거의 경험을 토대로 쌓아놓은 매우 제한적인 것들뿐이다. 그나마 인내심을 가지고 가르치려는 열의가 남아 있는 교사도 날마다 아무것도 없는 상태에서 다시 시작하는 것을 무한 반복한다고 토로했다.

이렇게 열악한 환경에서 수업을 진행하다 보면 교사의 인내심은 점점 한계치에 다다르게 된다.

1990 1학년 교실. 담임 교사가 아이들에게 물었다.

"앞에 나와서 집 그리는 것을 도와줄 사람 손 들어볼래요?"

아이들의 대다수가 손을 번쩍 들며 외쳤다. 어떤 아이는 흥분해서 일어나기까지 했다. 그 모습에 교사는 흐뭇한 미소를 지으며 말했다.

"그렇게 모두 큰 소리로 외치면 아무 말도 알아들을 수가 없잖니. 알렉사, 오늘은 네가 예술가가 되어보자. 알렉사는 칠판 앞으로 나오고 다른 친구들은 집을 그리려면 뭐가 필요할지 얘기해보자."

몇 분 동안 긴장감이 흐르며 모두의 이목이 칠판에 집중됐다. 학생들은 신나게 아이디어를 냈다. "창고요!", "굴뚝이요!", "고양이요!" 그리고 누군가 "발코니요!"라고 외친 그 시점부터 선생님은 한참 그림을 그리던 알렉스를 옆에서 돕기 시작했다. 그때부터 아이들은 집중해서 공책에 집을 그리기 시작했고 이내 교실은 고요해졌다.

현재   1학년 아이들이 만들어내는 소음이 얼마나 크던지 스트레스가 극에 달한 담임 교사는 할 수만 있다면 전투기에서 탈출하듯 교실에서 빠져나오고 싶은 심정이었다.

학부모 상담 주간이 되자 학부모들에게 교실에서 있었던 엄청난 소음을 소개하면서 미리 생각했던 해결 방법을 제안했다. 교사는 아이들의 집중력 향상을 위해 귀마개를 준비해줄 것을 요청했다. 부모의 대다수가 그 의견을 수긍했다. 루이스 부모 역시 아이를 위해 건설용 귀마개를 마련했다. 이제 루이스는 수업 시간에 조용히 공부하고 싶을 때면 이 귀마개를 착용한다.

믿기지 않겠지만 귀마개 사례는 언젠가 한 학부모가 내게 실제로 들려준 이야기다. 이 사례를 가지고 여러 교사들과 이야기를 나눠보며 다음과 같은 두 가지 사실에 주목하게 되었다.

물론 알렉사 시절에도 교실은 마냥 고요하지만은 않았다. 그러나 최소한 모두 함께 공부할 수 있는 분위기를 조성할 수는 있었다. 1990년의 교사가 시간을 뛰어넘어 지금의 교실로 온다면 적잖이 충격을 받을 것이다. 여러 부모들이 유치원과 학교의 소란과 난장판을 언급하며 아이가 매우 공격적이고 심술궂은 태도로 집에 돌아온다고 말하곤 했다. 이것은 아이가 알게 모르게 심리적으로 상처를 받고 있다는 뜻이다. 주변 환경이 시끄럽고 혼란스러우면 건강한 정신 발달 과정을 밟고 있는 아이도 머리가 복잡해져 어찌해야 할 바를 모르게 된다.

교사가 학생들을 위해 귀마개를 추천한 이유도 한편으로는 이해가 된다. 최소한 단계적이나마 학생들이 조용한 환경에서 학습할 수 있는 분위기를 만들고자 했던 것이 본래 의도였을 것이다. 그러나 교사까지 귀마개를 착용할 수는 없기 때문에 이 방법이 근본적인 해결책은 아니다. 게다가 1학년 학생이라면 귀마개를 가지고 장난칠 여지가 다분하다. 아이들을 소음에서 보호하는 것보다 소음 자체가 생기지 않도록 하는 데 집중해야 한다. 그러나 사실 이건 교사의 권한 밖이다. 그 이유는 무엇일까?

자기 주도 학습의 그림자

2016년, 독일 최고 학교로 니더작센주의 슈트도르프 그룬트슐레가 선정됐다. 로베르트 보쉬 재단은 이 학교에 10만 유로의 장학금을 수여하면서 다음과 같이 선정 이유를 밝혔다.

"학습과 휴식 시간, 수업과 프로젝트 과제가 상호 협력하며 진행되는 열린 학습 구조가 심사위원단에게 매우 깊은 인상을 남겼다."

이 웹사이트의 내용을 바탕으로 보면 교사와 부모가 합심하여 현 교육 방식에 변화를 시도한 학교를 선정한 것이다. 무엇보다 이 학교에서는 교사와 학생의 협력 관계(이 학교의 교장은 학생들과 하이파이브를 하며 인사했다고 한다), 열린 수업 방식, 공동 책임 조성 및 스스로 결정하는 능력을 강조했다. 매주 학급 회의에서는 한 학생이 의장을 맡아 회의를 주관했다. 날마다 시행하는 자율 학습 시간에는 과학실·공작실·도서관·음악실·체육관 등 다양한 공간에서 관심 영역을 스스로 선택해 활동했다. 학생과 교사 사이에 주기적인 상담과 지도가 있긴 했지만 수직적인 계급 구조는 사라진 것과 다름없었다. 자율 학습 시간이 끝나갈 때쯤 학생들은 학습 결과물을 보고했다. 이 과정 역시 학생들이 주도했다. 이와 관련해《슈피겔》온라인판에 실린 기사에서 한 학생의 말을 볼 수 있었다.

"우리가 하려는 일을 미리 허락 받지 않아도 돼요. 그냥 모두가 자기 할 일을 찾아 가는 거예요."[2]

기사만 보면 진정한 어린이의 천국처럼 느껴진다. 그러나 가만히 살펴보면 최고의 학교에서도 소외된 구성원이 있음을 발견하게 된다. 그건 바로 교육 정책이 제시하는 비전과 역할을 충실히 따르고 있는 교사다. 지금의 교육 정책에 따르면 아이들은 자신의 학습 방식을 정할 능력이 있고 자신에게 뭐가 좋은지 가장 잘 알고 있다고 본다. 그렇기 때문에 교사는 그저 아이들과 눈높이를 맞추는 '파트너'로서 아이들의 활동을 '후원'하는 '학습 동반자'에 불과할 뿐이다. 내가 보기에는 이 점이 위험하게 여겨진다.

오늘날 어린이는 공부 외에 다른 것을 신경 쓸 여유가 조금도 없다. 옛 수업 방식은 그저 아이들을 훈련시키는 것에 불과했다고 평가하기 때문에 이런 방식을 전면적으로 금지해야 한다는 생각이 지배적이다. 따라서 아이들은 각자의 학습 과정을 스스로 구체화해야 했다. 아이들은 최대한 자유로운 환경에서 학습 속도, 학습 내용, 활동 영역, 파트너,

문제 해결 방법 등을 직접 결정했다. 이런 교육 방식은 열린 수업이라 불리며 성황리에 유행했다.

이 방식의 기본 개념은 최근 들어 정립된 완전히 혁신적인 것이 아니다. 1840년 유치원의 개념을 도입한 프뢰벨 시대부터 '활동을 통한 자아 발견', '자유 놀이', '탐구와 실험', '협동력' 등은 아이들의 성장을 장려하는 키워드였다. 또한 몬테소리의 교육관도 아이들 스스로 해답을 찾을 수 있는 기회를 제공하는 것이 핵심이었다. 특히 최근 들어 성공적으로 활성화된 '오감 학습' 또한 우리 시대가 처음 발견한 것이 아니다. 이미 17세기에 큰 업적을 남긴 교육학자 코메니우스Johannes Amos Comenius가 규명한 것이다. 시대를 거치며 수많은 교육자들이 많든 적든 이 방법들을 모두 활용했다. 과거와 현재 방식의 다른 점을 찾자면 아이들이 학습 공간에 홀로 남겨졌다는 것이다.

1990 담임 교사는 여섯 살 알렉사에게 날마다 숙제를 내줬다. 교사는 숙제가 지나치게 많아지지 않도록 항상 유의했다. 아이들에게는 무엇보다 충분히 놀 시간이 필요했기 때문이다. 학생들은 모두 숙제를 잊지 않기 위해 알림장에 잘 받아 적었다. 간

혹 부득이한 이유로 숙제를 하지 못했어도 나중에 숙제를 마친 뒤 꼭 제출해야 한다는 걸 알고 있었다.

현재 여섯 살 루이스는 새로운 한 주를 시작하면서 앞으로 5일 동안 해야 하는 숙제가 기록된 주간 학습 계획표를 받았다. 처음에는 숙제를 한 번에 끝내려고도 시도했지만 물론 성공하지 못했다. 차일피일 미루다 일요일 저녁이 되어서야 허겁지겁 몰아서 하는 경우가 잦았다. 엄마는 일요일 저녁마다 울고불고 좌절하는 아이의 모습을 더는 보고 싶지 않았다. 결국 엄마는 월요일마다 주간 학습 계획표를 받아 날마다 해야 하는 숙제 범위를 정해 알려주기 시작했다.

일부 초등학교에서는 실제로 1학년 학생들에게 주 단위로 숙제를 내주고 스스로 분배해 제출할 것을 요구한다. 그러나 이제 막 입학한 아이들에게 이런 방식은 분명 지나치다. 아직 아이들은 학업 태도도 제대로 갖추지 못했고 한 주를 미리 계획하는 능력도 부족하다. 초등학생 정도면 충분히 자율적인 시간 분배가 가능하리라는 교육 전문가들의 판단은 현장을 너무 모르고 하는 말이다. 간혹 성숙한 아이들이 있다 해도 그건 가정에서 부모가 적당량을 분배해줬기 때문이다. 여러 이유로 부모의 보살핌과 도움을 충분히 받지 못한 아이는 어떻게 해도 숙제를 제대로 하지 않는 아이라는 오명을 뒤집어쓸 가능성이 크다.

나는 이런 안타까운 상황을 자주 목격했다. 요즘 일부 학교의 교육 방식에는 정신 발달이 제 나이에 맞게 이루어진 아이들조차도 따라가지 못할 만큼 과도한 측면이 있다. 교사와 학생 사이의 계급 구조에서 아이들을 구하겠다는 소망이 도리어 아이들이 감당할 수 없는 무거운 짐을 강요하게 된 것이다.

요즘 초등학교에서는 놀이 시간이나 쉬는 시간에 아이들끼리 다툼이 벌어질 때 중재 역할을 학생에게 맡기는 것이 유행이다. 중재 임무를 맡은 아이는 특별한 조끼나 모자를 착용하고 다툼에 개입한다. 아이들의 자발적인 참여로 중재 역할을 통한 가치 평가를 체험하도록 한 것이다. 그러나 이것은 의도하지 않았겠지만 성인이 감당해야 할 책임을 쉬는 시간이라도 신나게 뛰어 놀아야 할 아이들의 어깨에 올려놓은 것처럼 보인다.

독일 본 지역의 한 유치원에서 실제로 있었던 다음의 사례를 보자. 아이 자신에게 필요한 것이 무엇인지는 아이 본인이 가장 잘 안다는 믿음이 만들어낸 안타까운 결과를 볼 수 있다.

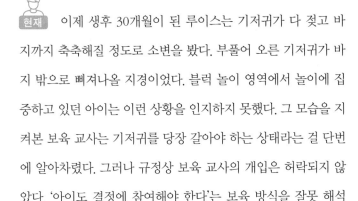

현재 이제 생후 30개월이 된 루이스는 기저귀가 다 젖고 바지까지 축축해질 정도로 소변을 봤다. 부풀어 오른 기저귀가 바지 밖으로 삐져나올 지경이었다. 블럭 놀이 영역에서 놀이에 집중하고 있던 아이는 이런 상황을 인지하지 못했다. 그 모습을 지켜본 보육 교사는 기저귀를 당장 갈아야 하는 상태라는 걸 단번에 알아차렸다. 그러나 규정상 보육 교사의 개입은 허락되지 않았다. '아이도 결정에 참여해야 한다'는 보육 방식을 잘못 해석한 유치원 원장의 지침 때문에 아이의 의사 표시가 있어야만 행동할 수 있었기 때문이다. 루이스는 교사에게 다가와 기저귀를 갈아달라고 해야만 새 기저귀로 갈아입을 수 있었다.

발달 심리 전문가의 입장에서 보면 아이에게 스스로 결정하고 그 책임을 감당하게 하는 일은 매우 중요하다. 아이들을 보살피는 교사는 섬세한 감각으로 아이들 수준에 맞춰 스스로 결정하는 법을 단계별로 가르칠 수 있어야 한다.

아이의 연령대가 높아지면 학교생활은 물론이고 가정생활로 확장해 실천을 유도하도록 할 수 있다. 그러나 현 교육 정책은 책임을 짊어지는 것 또한 다른 자질과 동일하게 어른의 지도에 따라 반복을 통해서만 체득할 수 있다는 진리를 인정하지 않으려 한다. 마치 아이를 물에 던져 놓기만 하면 알아서 수영을 터득할 수 있다는 식이다. 바로 이것이 동반자로서 곁에서 동행하는 것과 적극적인 개입을 통해 지도하는 방식의 차이다. 요즘 시대의 교육관에서 규정하는 것처럼 교사의 개입을 조언하는 역할로 축소한다면 아이의 행동을 그저 등 뒤에서 지켜볼 수밖에 없다.

교사가 관여하지 않고 오직 아이들에게 맡기는 이런 황당한 경우는 다양하게 나타났다. 1980년대부터 독일에 도입된 '청각을 통한 정서법正書法(언어를 문자로 표기할 때의 원칙.-옮긴이)'이 대표적인 예다. 스위스의 교육자 유르겐 라이헨Jürgen Reichen이 주장한 이 방법은 아이들이 쓰기를 통해 읽기는 물론 맞춤법도 혼자서 터득할 수 있다는 것이 핵심이다. 라이헨의 주장에 매우 열렬한 반응을 보인 독일 그룬트슐레협회는 '어린이에게 꼭 맞는 방식'이라며 추켜세우면서 이 방법을 채택했다(그리고 여전히 지금까지도 이 방식을 고수하고 있다[3]). 다시 말해, 아이들이 '그네'를 '그내'로 쓰고, '국

물'을 '궁물'이라고 써도 어른은 아이가 스스로 맞춤법을 깨우칠 때까지는 중간에 개입하지 않아야 한다.

이런 학습 방식은 아이들을 대상으로 무분별하게 실험만 거듭하는 현 교육 제도의 모습을 그대로 보여준다. 효과를 제대로 검증하지도 않고 계속해서 새로운 개념을 도입하는 데만 바쁘다. 이처럼 듣는 대로 쓰는 학습이 읽기와 쓰기에 장애를 야기할 수 있다는 것을 전문적인 검증을 통해 밝혀내는 데까지 여러 해가 걸렸다. 그런데도 여전히 많은 곳이 이 방식을 고수하고 있다. 아직도 이 방식을 지지하는 사람들은 이렇게 반박하곤 했다.

"맞춤법을 정확히 알 필요가 있나요? 요즘에는 컴퓨터 프로그램이나 인터넷에서 맞춤법 검사 기능을 제공하는데 말이죠!"

인터넷 사용 환경만 잠시 살펴봐도 이런 주장은 근거가 미비하다는 걸 확인할 수 있다. 예컨대 인터넷 검색창에 올바른 맞춤법 대신 소리 나는 대로 잘못 입력했을 때 본래 의도를 제대로 파악할 수 있는 알고리즘은 아직 완벽하게 개발되지 않았다.

아이들은 부모나 교사를 통해 오랫동안 꾸준히 지도를 받고 연습을 해야 유창하게 읽고 규칙에 맞게 쓸 수 있다.

가정을 이끌어나가는 부모나 교육 현장에서 일하는 교사가 경험으로 쌓은 지식이 교육 정책 전문가의 이론보다 훨씬 실제적임에도 불구하고 존중받지 못한다. 굳이 설명하지 않아도 직관적으로 알 수 있는 이런 역할을 우리 어른들이 왜 하지 못하는지 안타까울 따름이다.

《슈피겔》 온라인판에 16개국의 교육부에서 채택한 맞춤법 학습 방식을 조사한 기사가 실린 적이 있다. 각 국가의 답변을 보면 학업 방식은 학교가 결정하며, 대개 교사의 재량에 따라 쓰기와 읽기에 필요한 구체적인 방법이 결정된다고 한다.[4] 다시 말하자면 교육 이론가들이 주장하는 새로운 수업 형태가 사회의 열광적인 반응을 얻고 있더라도 확실히 검증되기 전까지는 현장의 교사가 소신을 가지고 최종 결정해야 한다. 학교와 교육 위원회가 압력을 행사하고 징계 위협이 있더라도 어느 선까지 소신을 고수할 것인지는 현장에서 일하는 교사의 재량에 달렸다.

모든 상황을 합리화하는 장애 진단

오늘날 아이들에게 계산력 장애와 독서 곤란증은 이제

집단적인 현상이 되어버렸다. 이런 증상은 임상적 징후가 나타나는 경우가 매우 드물다. 나 역시 30년 가까이 소아정신과 전문의로 활동했지만 전통적인 의미의 장애 환자를 실제로 본 건 열 손가락에 꼽을 정도다. 이들은 b와 q를 구분하는 데 어려움을 겪곤 했다. 아무리 배우려는 의지가 분명하고 여러 차례 연습했어도 똑같은 실수를 반복했다.

솔직히 말해서 계산력 장애와 독서 곤란증으로 진단을 내리는 것은 부수적인 문제가 되었다. 아이들은 예전에 비해 읽고 계산하는 것을 제법 능숙하게 잘 해내는 듯하지만 정신 발달이 멈춰버리면서 배우려는 의지가 턱없이 부족해졌다. 많은 아이들이 단순한 읽기, 쓰기 혹은 계산하기에 흥미를 전혀 느끼지 못하고 있다. 그렇다 보니 부모와 교사도 아이들에게 이런 기초 지식을 가르치는 것을 포기하는 추세다. 이때 '장애'라는 진단은 모든 상황을 합리화시키고 한마디로 설명해버림으로써 아이들의 상황을 더욱 악화시켰다. 어른들은 인내심을 가지고 아이들을 지도하고 연습시켜야 하는 의무를 아이들에게 떠넘긴 채 자유로워졌다. 그렇게 손을 놓고 있다가 너무 늦어버린 후에야 장애가 생겼다는 걸 깨닫는 것이다. 이런 증상은 성인이 되어 직업을 선택할 때에도 큰 어려움이 될 수밖에 없다. 고용주가 아무리 급박한 상황에 간절한 마음으로 직원을 구한다고 해도 제대로 읽고 쓰지 못하거나 계산도 못하는 사람을 채용하지는 않을 것이다.

안타깝게도 아이들의 상당수가 장애를 가진 채로 내 진료실을 처음 방문한다. 계산력 장애와 독서 곤란증 외에도 ADHD(주의력결핍 과잉행동장애.-옮긴이), ADD(주의력결핍 장애.-옮긴이), 영재성(이것 또한 일종의 질병이다), 자폐증, 우울증 등 다양하다. 이런 질병의 이면에는 제대로 성장하지 못한 내면의 아이가 숨어 있다. 내가 만난 아이들의 다수는 수업에 집중하는 데 어려움이 있다고 토로했다. 그러나 컴퓨터 게임을 하거나 놀이공원에 가서는 시간 가는 줄 모르고 집중하곤 했다. 이 아이들은 구미에 맞을 때만 집중했던 것이다.

1990 상담실을 찾아온 아홉 살 알렉사는 때때로 숙제를 하거나 학교에서 공부를 할 때 집중하기가 너무 힘들다고 털어놓았다. 집에 손님이 오시기라도 하면 신경이 날카로워지고 행동까지 서툴러진다고도 말했다. 지난번 처음 만났을 때 살펴본 바로는 매우 잘 컸고 노력하는 아이라는 걸 느낄 수 있었다. 알렉사는 즐기는 방법을 알았고 자신 주변의 사람과 환경에도 마음을

열고 대했다. 알렉사의 지적 수준은 평균 이상으로 언어 능력도 탁월했다. 그러나 신경학 검사에서 소근육 및 대근육 운동 조율 부분에 문제가 있다고 나타났다. 심리치료사와 놀이에 집중하던 알렉사는 다른 치료사가 잠시 방에 들어오자 금세 집중력이 흐트러지곤 했다. 전체 아이들의 2~4% 정도가 뇌에 장애를 가지고 있어 이런 증상을 보였는데, 알렉사가 여기에 속했던 것이다. 부모와 교사에게 알렉사의 징후를 설명하며 문제를 개선하기 위해 소근육 및 대근육 강화를 위한 치료를 상세히 설명하고 추천했다.

 아홉 살 루이스는 학교에서 독불장군으로 유명하다. 수업에 참여하기는 하지만 선생님의 지시를 따르지 않고, 반 친구들을 화나게 하면서 수업을 방해하곤 했다. 나는 루이스가 흥미를 느끼는 것 위주로만 행동하고 있다고 확신했다. 루이스의 엄마에게 담임 선생님은 어떤 의견을 가지고 계신지 묻자 이런 답이 돌아왔다.

"담임 선생님께서는 운동 요법을 시도해보는 것이 좋겠다고 하셨어요."

나는 종종 교사들이 섣불리 의학적 진단을 내린 뒤 빠른 해결책에 골몰하는 것을 자주 경험했다. '루이스에게 인지 문제가 있는 걸까? 그렇다면 운동 치료사와 연결해줘야 되겠구나'라고 생각한다거나, '루이스가 혹시 ADHD일까? 리탈린(주요 ADHD 치료제 중 하나.—옮긴이)만 복용하면 전부 괜찮아질 거야'처럼 진단과 동시에 처방을 내려버리는 식이다. 루이스처럼 문제가 있는 학생을 인내심을 갖고 지켜보면서 해결책을 모색해야 한다고 생각하는 교사는 그리 많지 않았다. 이런 아이일수록 스마트폰과 컴퓨터를 자제시키고 움직임이 많은 활동으로 충동을 해소해야 한다. 그러나 부모나 교사는 리탈린을 처방하는 것이 더 수월하다고 믿는 것 같다. 뇌 기능과 관련한 문제는 극히 드문 만큼 1993년 한 해 독일에서 사용된 메틸페니데이트(ADHD와 기면증 치료에 쓰이는 향정신성 의약품.—옮긴이)는 총 34킬로그램에 불과했다. 그러나 2012년에는 1.8톤으로 급격하게 증가했다. 일일 권장 복용량 30밀리그램을 기준으로 계산하면 무려 알약 6000만 개 분량이다. 2014년에는 1.7톤으로 소폭 감소했는데,[5] 아마도 이 무렵부터 단순히 약물 처방이 능사가 아니라 뭔가 다른 해결책이 필요하다는 인식이 제기되기 시작한 것으로 보인다.

변화를 위해 주어진 과제

올바른 정신 발달을 위해서는 교사가 방향을 제시하는 구심점 역할을 맡아야 한다. 이는 기존의 수업 방식으로 회귀해야 한다는 주장이 아니다. 현재 시행하고 있고 유행하는 여러 활동도 아이들에게 멋진 자극을 선사한다. 교육의 성패는 교사가 칠판 앞에서 설명하든 학생들을 소집단으로 나눠 자율 학습을 배분하고 곁에서 주시하든 교사의 위치에 달린 것이 아니다. 수업을 교사 중심으로 진행할지(방향성 제시) 혹은 학생 주도적으로 진행할지(학습 동반자 역할)는 교사의 소신에 달려 있다.

현재 학습 방식의 초기 콘셉트는 '자율 학습'이었다. 이때만 해도 교사의 역할이 중요했다. 교사는 아이들에게 수업 방향을 제시하고 학급을 돌아다니며 개별적으로 아이들을 지도했다. 이런 수업 형태에는 한 학급마다 최소 두 명의 교사(담임과 보조)가 필요하다. 게다가 학급의 학생 수가 15~20명을 넘지 않아야 하며 각각의 집단이 서로 방해를 받지 않도록 두 개의 공간이 하나로 연결된 커다란 교실도 필요하다. 그러나 현재 여러 학교에서 시행하는 자율 학습 모델은 몇 가지 이유로 본래의 기능을 제대로 발휘하지 못하고 있다. 학생들이 자율적으로 학습하는 비중이 커질수록 교사의 역할은 축소된다. 그렇지만 학생에게는 교사와의 관계가 필수적이다. 현재처럼 교사 한 명만으로 운영하면서 아이들을 개별 지도하기에는 교실이 지나치게 크다. 또한 아직 학교생활이 힘들 정도로 성숙하지 못한 학생이 생각보다 많아 교사의 관심도 필요하다.

이런 문제들은 이미 잘 알려진 사실이다. 그런데도 굳이 이 모델을 고집하는 이유는 무엇일까? 첫 번째는 이미 언급했다. 자율 학습은 나르시시즘 성향이 강한 유치원생이나 일부 학생에게나 어울린다. 이런 아이들은 타인의 지시에 익숙하지 않아서 무엇을 하며 하루를 보낼지 스스로 결정하는 것이 합리적이라고 생각한다. 물론 가정에서도 마찬가지다. 두 번째 이유는 교육 이론가들이 현실을 제대로 직시하지 않기 때문이다. 교육 방법론에 대한 실험 욕구는 1970년대 자유주의 시절부터 만연했다. 학문적인 지식으로 검증하기보다 체감하는 것을 더 중요하게 여겼다는 점이 참으로 안타깝다. 신경생물학자 게랄트 휘터의 "모든 아이들은 재능이 있다"는 주장을 예로 들어보자. 그는 정확한 임상 실험도 없이 '신경가소성 전달 물질', '신경 상호 연결' 등 쉽게 이해하기 어려운 용어를 사용해 자신의 주장을 뒷받침한다. 이런 그가 교육 문제 전문가로 인정받는 것이 현실이다.

철학자 리하르트 프레히트도 교육 제도와 학교에 대해 목소리를 높이는 인물이다. 2013년 4월, 프레히트는《디 차이트》에 기고한 글에서 아이들의 자발적인 동기를 강화해야 하며 아이들을 개별적으로 대해야 한다는 것을 바탕으로 한 교육 개혁을 요구했다.[6] 사실 이것은 전혀 새롭지 않은 내용이다. 그러나 학교 시스템도 교과목도 학년도 그리고 성적마저 폐지하자는 프레히트의 주장은 교육의 최후의 경계선마저 없애자는 것이어서 매우 위험하다.

여러 교육 전문가들 중에서도 가장 급진적이고 강경한 인물은 2008년 바덴 뷔르템베르크주 의회에 등장했던 스위스의 사립 학교 이사장인 페터 프라톤이다. 프라톤은 '아무것도 알려주지 마세요', '설명해주지 마세요', '가르쳐주지 마세요', '동기 부여도 하지 마세요'라는 네 가지 주장을 '아이들의 네 가지 바람'이라고 이름 붙였다. 소아정신과 전문의 입장에서는 이런 주장이 끔찍한 호러물처럼 느껴진다.

다음 조사 결과를 보면 요즘 같은 교사와 학생 사이의 수평적 관계가 그리 적절하지 않다는 걸 깨닫게 될 것이다. 베를린 훔볼트 대학교의 교육품질향상연구소에서 실시한 '교육 트렌드 2015' 조사에서는 독일 문교부에서 규정한 중학교 졸업 기준과 학생의 실제 학업 평가 결과를 비교했다. 독일어 과목에서는 세 가지 영역을 조사했는데 충격적인 결과가 나왔다. 듣기 부문은 38.1%의 학생이 기본 능력 이하로 나타났고, 18.5%는 최소 기준에도 못 미쳤다. 맞춤법 부문은 34.1%가 기본 능력 이하, 13.7%가 최소 기준 이하였다. 읽기 영역에서는 중학교 2학년 기준 51.6%가 기본 능력 이하였고, 23.4%는 최소 기준에도 못 미쳤다.

뉴질랜드의 교육학 교수 존 헤이티는 학생의 학업 성취도를 끌어내는 요소가 무엇인지 궁금했다. 헤이티는 해답을 찾기 위해 이 문제를 학술적으로 접근했다. 즉 '나는 어떤 활동을 좋아하는가?', '내가 생각하는 최고의 학교는 어떤 모습인가?'처럼 주관적으로 묻지 않고, 총 2억 5000만 명에 달하는 학생에게 객관적으로 물은 데이터를 토대로 800건의 논문을 비교·분석했다. 그 결과 헤이티는 효율적인 학습에 영향을 미치는 138가지 항목을 순서대로 정리했다.[7] 이 중 1위는 '학업 성취도에 대한 학생의 자신감'이었다. 이것은 객관적인 위치에서 학생을 관찰하는 교사가 학생과 함께 학업 성취도에 대해 꾸준히 피드백을 교환할 때 형성된다. 2위는 '피아제의 인지 발달 과정'이다. 앞에서 계속 강조한 것처럼 신체 나이에 걸맞은 성숙한 정신 발달이 학업 성취도에 결정적이라는 주장을 증명한 이론이다. 이때 부모가 제 역할을 하지 못하게 될수록 교사의 역할이 더 중요해진다. 3위는 '꾸준한 학업 성취도 검증'이다. 이 또한 아이들을 객관적인 입장에서 바라보는 교사의 역할이 필요하다.

효율적인 학습에 가장 큰 영향을 미치는 1~3위 항목 모두 학생과 마주 선 대상인 교사와 관련된 내용이다. 이어지는 항목도 '학급 내 행동 중재', '도움이 필요한 학생에 대한 개입' 등 교사의 역할과 관련이 높은 항목들이었다. 1990년대만 해도 교사는 학생들을 지도하고 숙제를 검사하며 명확한 가이드를 제시하는 역할을 수행했다. 학업 성취도를 좌우하는 요인은 고려할 필요도 없다는 우매한 주장이 등장한 건 최근의 일이다.

자율 학습을 옹호하는 사람들에게 이 연구 결과는 여러모로 고민거리를 줄 것이다. 부문별 학습 또는 무한한 자유와 관련된 '여러 학년이 통합된 학급', '자율 학습', '개방형 교실 및 학습 방식' 같은 항목들은 목록의 가장 밑에 위치했다. 연구는 이런 항목들이 잠재적으로 부정적인 영향도 줄 가능성이 있음을 시사했다. 따라서 나는 섣불리 변화를 시도하지 않기를 권한다.

헤이티는 어른들이 본능적으로 이해하고 실천했던 사실을 이렇게 증명했다. 학생과 교사 사이에는 명확한 역할 분담이 필수불가결하며 루이스의 학업 성취도는 이와 밀접한 관계가 있다. 그러나 지금의 교육 정책은 이러한 관계를 피하려 안간힘을 쓰고 있다.

교육 이론 전문가들은 지난 수십 년간 교사들이 자신의 본분을 제대로 인지하지 못하도록 만들고 말았다. 학생들이 교사를 그다지 중요한 존재로 느끼지 않게 되는 사이 교사는 오직 학업 동반자 역할만 수행하게 되었다. 2011년 3월, 여론 조사 기관인 알렌스바흐 연구소에서 일반 학교 교사를 대상으로 시행한 설문 조사를 보면 단 8%만 교사의 영향력이 크다고 답했다. 반면 48%는 교사의 영향력이 적거나 거의 없다고 답했다. 이상을 좇아 교사라는 사명을 선택하고도 스스로 충분한 영향력을 가지고 있지 못하다고 생각한다니 정말 통탄할 일이다.

나는 학업 동반자의 역할만으로는 성에 차지 않는 교사를 여럿 보았다. 이들은 아이들을 위한 최고의 학습 환경이라고 생각하는 것, 즉 아이들의 기준점이 되어 앞으로 나아가야 할 방향을 제시하는 역할을 다시 수행하기 원했다. 루이스에게도 기존 학교 체계가 훨씬 더 편안할 것이다. 또한 이런 사고의 전환을 통해 교사의 근무 환경도 긍정적인 방향으로 개선될 것이다. 그렇다면 지금 이 시점에서 교사가 해야 할 가장 중요한 역할은 무엇일까? 그것은 바로 아이들이 보이는 문제 행동이 부모와의 공생 관계에서 비롯되었음을 인정하고 해결책을 모색하는 것이다.

그렇다면 현 시점에서 정신 발달이 멈춰버린 아이들의 수는 대략 얼마나 될까? 이런 지표는 비단 교사에게만 필요한 것이 아니다. 교육 정책의 재검토를 요구하는 여론이 높아지고 있는 만큼 이런 지표를 함께 활용한다면 바람직할 것이다.

많은 교사들은 학생들과 잘 지내고 있다고 말한다. 그건 결과만을 생각했기 때문이다. 루이스가 지시를 따라 교과서를 펼치고 옆 친구와 떠들지 않게 된 것은 진땀을 흘릴 정도로 여러 번 반복해 노력한 결과이다. 교사들은 이런 과정에 익숙해져버렸기 때문에 학생들과 잘 지낸다고 답한 것이다. 매번 "조용히 해라", "책을 꺼내라", "98쪽을 펼쳐라" 같은 지시를 반복해야 한다면 아이들의 성숙도가 아직 유아 수준이라는 의미다. 이제 교사가 짊어져야 할 과제는 인내심과 지구력을 가지고 정신 발달이 유아 수준인 학생들을 제 나이에 부합하는 수준까지 끌어올리는 것이다. 따라서 교사에게는 학생과 동반자 관계가 될 것을 요구하는 교육 환경에서 수업의 중심축 역할을 되찾고 명확한 계급 구조를 다시 구축할 용기가 필요하다.

예를 들면 "왜 숙제를 하지 않았니?"라고 더 이상 묻지 않는 것이다. 학생의 행동에 대한 해명을 요구하는 것이 아닌, 정해진 체계와 규칙을 따라 생활하는 환경을 구축하는 것이 교사의 핵심 과제이기 때문이다. 무조건 준수해야 하는 교통 법규처럼 교육에서도 명확한 규정의 토대를 마련하는 것이 시급하다. '우측 통행', '빨간 신호등 앞에서는 정지'처럼 '다른 학생을 밀치면 안 된다', '숙제는 반드시 한다' 등의 교내 규칙은 어떤 변명도, 예외도 통하지 않는 것으로 인식되어야 한다. 이런 인식은 아이들에게 신뢰감과 안정감을 준다.

교사는 학생과 정서적 공감대를 형성하며 일관된 모습으로 학생을 지도하며 본을 보여야 한다. 당장은 별로 흥미를 느끼지 못하는 학생도 꾸준히 노력하는 교사의 모습을 보며 결국에는 전력을 다해 학업에 매진하게 된다. 이렇게 되기까지 교사의 피드백은 명확해야 하고, 학생들이 충분히 납득 할 수 있어야 한다. 그래야만 학생과 학부모가 정신 발달의 필요성을 인지할 수 있기 때문이다. 여기에 적절한 칭찬이 더해진다면 기적 같은 성과를 가져오기도 한다. 헤이티가 입증했던 것처럼 가장 효율적인 학습 동인은 학생 스스로 "해냈어!"라고 외칠 수 있는 성취감이다.

6　아이답지 않은 요즘 아이들

지난 30여 년 동안 나는 상담실을 방문한 사춘기 이전 아이들에게 똑같은 질문을 던졌다.

"지금 요정이 나타나 열 가지 소원을 묻는다면 뭐라고 답할지 적어볼래?"

1990　나의 질문을 듣자마자 아홉 살 알렉사의 눈이 초롱초롱 빛나기 시작했다. 알렉사는 오래 고민하지 않고 자신의 상상을 더해 이미 이야기 속으로 빠져들었다. 알렉사는 펜을 들어 목록을 작성하기 시작했다. 블록 장난감·물총·소방차·공룡 등 2분도 채 되지 않아 알렉사는 열 가지 소원을 모두 작성했다.

이런 위시 리스트를 활용하면 아이의 세계상을 엿볼 수 있다. 알렉사가 떠올린 소원은 지극히 제 나이에 어울리는 수준이었다.

1990년대 중후반 무렵부터 변화가 일어났다. 그때부터 부모들은 아이들과 동반자 관계에 빠져들기 시작했고 아이를 작은 어른처럼 대했다. 그렇게 거리낌 없이 어른만의 문제에 아이를 끌어들였다. 아이가 아무 근심 걱정 없이 크는 데 일조했던 최소한의 방어막은 이제 존재하지 않는다. 당시 내가 접했던 한 위시 리스트에는 다음과 같은 내용이 있었다. '부모님이 싸우지 않기', '할아버지의 재취업 성공', '유고슬라비아 난민의 삶이 조금이라도 나아졌으면' 등. 가정 분위기가 다소 달랐던 어떤 아이는 이렇게 답했다. '부자가 되는 것', '내 집을 갖는 것', '가능하면 수영장도 갖고 싶다', '이왕이면 대형 세단이 있다면' 등. 세계 평화를 기원하든 물질적인 것을 원하든 두 아이의 목록에서 어린아이다운 발상을 찾아보기 힘들다.

부모들은 아이의 변화를 알아차리지 못했을까? 아마도 아이다운 천진난만함이 사라지는 것을 분명 눈치챘을 것이다. 그러나 부모들은 아이가 나이에 비해 성숙하다고만 생각하고는 기특해했을 것이다. 아이들의 소원이 전혀 아이답지 않다는 걸 꿰뚫어 보는 직관은 이미 사라져버린 것이다.

이후 상황은 갈수록 악화되었다. 세기말을 지나면서 육아와 교육의 방향성을 상실한 부모들이 늘어났고, 단순한 보상 심리에 따라 아이들이 나아갈 길까지도 나서서 결정하기 시작했다. 그 결과 부모들은 어떻게 해서든 아이의 사랑을 독차지하고 싶어 했다. 2000년대 초반에 접어들자 공생 관계의 비중이 동반자 관계와 투사를 추월했다. 이런 관계에 빠져든 부모는 아이와 자신을 명확하게 구분하지 못했기 때문에 아이의 정신 발달을 돕지 못했다. 결국 아이들은 예측할 수 없는 무한한 상상의 능력을 잃어버렸다. 형형색색 마법으로 가득했던 아이의 공간은 메마른 무채색의 세상으로 바뀌었다.

현재 아홉 살 루이스는 요정과 소원 이야기에 별 감흥을 느끼지 못한 것 같았다. 상황이 어쨌든 루이스는 반사적으로 주도권을 잡기 위해 애썼다.

"이 종이에 쓰라는 거죠? 세 가지요? 아, 맞다. 열 가지였지."

이렇게 말하고서야 펜을 쥐었다. 잠시 고민하던 루이스는 '돈'이라고 썼다. 그러나 그 이상은 아무것도 떠오르지 않는 것 같았다. 그런 모습을 보며 나는 물었다.

"또 다른 소원이 뭐가 있을까?"

루이스는 정말 아무 생각도 떠오르지 않는 것 같았다. 루이스는 내게 시위하듯 상담실을 한번 둘러보더니 '벽난로', '램프'라고 적었다. 이 두 가지는 상담실에 있던 것들이다. 루이스의 머릿속은 다시 새하얘진 것 같았다. 나는 끝까지 목록을 완성해보자고 여러 번 재촉해야 했다. 그렇게 몇 가지가 더해지기까지 한참의 시간이 흘렀다.

"음, 카펫 그리고 의자. 이 정도면 충분하죠?"

루이스가 작성한 목록은 여섯 개뿐이었다.

근래에 열 가지 소원을 물었던 아이들 중 거의 대부분이 고작해야 한두 가지 소원밖에 떠올리지 못했다. 아이들은 소원이 더 이상 떠오르지 않는다고 토로했다. 크리스마스를 불과 닷새 앞둔 시점에서 받고 싶은 선물을 물어도 돌아오는 답은 그저 "잘 모르겠어요"였다. 심지어 받고 싶은 선물 목록을 다 작성한 아이들도 시간이 흐른 뒤에는 자신이 무엇을 적었는지 기억하지 못했다. 어차피 그 위시 리스트는 TV에서 본 광고를 그대로 적은 것에 불과했고 진짜 소원이 아니었다. 따라서 아이의 크리스마스 위시 리스트대로 열심히 준비해도 영 시원치 않은 반응을 볼 수밖에 없었던 것이다.

무채색으로 변해버린 어린 시절

4장과 5장에서는 각각 부모와 교사가 정신 발달이 멈춰버린 아이들과 잘 지낼 수 있는 방법을 살펴보았다. 그렇다면 아이의 눈으로 바라보는 세상은 어떤 모습일까? 30년 전과 현재 사이에 달라진 점은 무엇일까? 어른들을 조종하고 마음대로 결정하는 상황이 아이에게도 늘 만족스러웠을까? 아이는 권력을 손에 쥘 수 있겠지만 감당해야 하는 대가도 만만치 않았을 것이다. 위시 리스트 작성 사례는 부모와 공생 관계에 있는 어린이와 청소년의 정서가 얼마나 평면적으로 단순화되고 메마르는지 적나라하게 보여준다. 아이는 자신의 감정을 깨닫는 것은 물론이고 표현하는 것조차 힘들어했다. 이렇게 감정과 담을 쌓은 상태를 학술 용어로 '감정 표현 불능증'이라고 한다. 아이는 다채로운 반응과 나아가야 할 방향의 본보기가 되는 대상이 없다면 스스로 감정을 구분할 수 없다. 이런 능력 또한 반복 훈련으로 터득할 수 있는 영역이기 때문이다.

정상적인 정신 발달을 보이는 아이와 비교하면 정신 발달이 정체된 아이는 감동도 잘 받지 못하고 상대적으로 즐거움도 별로 느끼지 못하는 무미건조한 세상에서 절제된 감정만으로 생활한다. 어떤 아이는 사각 모니터 안에서만 일시적이나마 즐거움을 느낀다. 또 다른 아이는 형제나 자매 혹은 친구를 괴롭히는 걸 즐기기도 한다. 일부 아이들은 자신만의 세상으로 빠져든다. 정신 발달이 멈춘 아이는 허무함을 느끼며 표정도 현저히 줄어든다. 이런 아이는 공감 능력이 부족하기 때문에 소통 능력도 제한적이었고 아이의 행동에도 부정적 영향을 주었다.

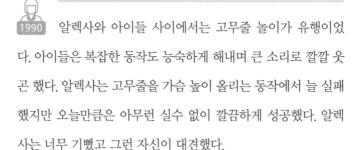

알렉사와 아이들 사이에서는 고무줄 놀이가 유행이었다. 아이들은 복잡한 동작도 능숙하게 해내며 큰 소리로 깔깔 웃곤 했다. 알렉사는 고무줄을 가슴 높이 올리는 동작에서 늘 실패했지만 오늘만큼은 아무런 실수 없이 깔끔하게 성공했다. 알렉사는 너무 기뻤고 그런 자신이 대견했다.

다리가 불편한 루이스는 여섯 살이 될 때까지 외출을 할 때면 늘 차를 타고 다녔다. 간혹 루이스의 동생이 뛰려고 하면 부모는 동생에게 뛰지 말라고 하는 대신 루이스에게도 같이 뛰어도 좋다고 허락했다. 빠르게 움직이는 훈련을 충분히 하지 못했던 루이스는 사고 예방을 위해 곁에서 손을 잡아줘야만 했다.

곁에서 보면 신체적 장애를 가진 루이스의 삶은 건조하기 그지없어 보이지만 정작 아이는 그다지 불행하다고 느끼지 않았다. 흥미를 끌 만한 다른 걸 찾아 나서는 것만으로도 충분했기 때문이다. 이런 아이는 전형적인 나르시시스트의 시선으로 세상을 바라본다. 오직 '내가 원하는 걸 얻으려면 어떻게 해야 하지?'라고만 생각한다. 아이는 자기 능력을 증명하고 뭔가를 성취하고 성장할 기회조차 주어지지 않는 것을 이상하게 생각하지 않았다. 그것이 무엇인지 상상조차 하지 않는다. 아이의 삶을 형형색색으로 빛나게 하는, 그 무엇과도 견줄 수 없는 다채로움도 이렇게 아이의 곁을 스쳐 지나간다.

어린 시절을 빼앗긴 아이는 엄연한 인격체로서 꼭 갖춰야 하는 인간의 도리라든지 자신이 할 수 있는 일과 할 수 없는 일에 대한 개념 자체가 아예 없다. 이런 것들은 그런 행동을 시도하도록 허락하는 인물과의 관계를 통해서만 깨달을 수 있기 때문이다. 때로는 정신적 압박을 느끼고 스스로 삶을 돌아보기도 하지만 이런 아이는 극히 드물다.

현재 열여덟 살 루이스는 자발적으로 나를 찾아온 몇 안 되는 아이 중 하나였다. 루이스는 재능이 뛰어난 아이였지만 표정은 뭔가 불행해 보였다. 난 루이스에게 병원을 찾은 이유를 물었고 루이스는 이렇게 답했다.

"사실 전부 괜찮아요. 딱히 아무 일도 없죠."

나는 상담 과정에서 루이스가 어떻게 자라왔는지 자세히 알 수 있었다. 삶의 많은 것을 알게 되었다. 루이스에게는 동기가 부족했다. 많은 일들이 그냥 의미 없이 해야만 하는 스트레스였다. 여섯 살 이후로 단 한 번도 숙제를 하지 않았다는 루이스의 말에 나는 깜짝 놀랐다. 루이스는 여유가 있으면 TV 드라마를 본다고 했고 컴퓨터에 대한 관심은 그냥 보통 수준이라고 했다. 다행히 술이나 담배에는 그다지 관심을 갖지 않았다. 루이스는 철학과 사회주의적 이념에 관심이 높았고 청소년 좌파 운동에 적극 참여하고 있었다. 루이스는 학교를 졸업하면 인권 단체에 들어가 네팔에서 일하고 싶어 했다. 그러나 아비투어(독일 인

문계 학교의 졸업 시험. 우리의 수능과 비슷하다. ─옮긴이)까지는 1년 반이나 남아 있었다.

부모님과의 관계는 어떤지 물었다. 부모님이 루이스의 사회 참여에 대해 어떻게 생각하시는지 묻자 루이스는 눈빛으로 내 말을 제지했다. 사업가인 아버지는 루이스가 어떤 의견을 내면 그저 미소만 지을 뿐 진지하게 받아들이지 않는다고 했다. 아버지는 사회에 대한 루이스의 관심이 그저 스쳐 지나가는 것이라고 여겼던 것 같았다. 가정에서는 진지한 대화가 오가지 않았고 식사 자리에서 루이스가 관심을 가지고 있는 정치 이념이 화두에 오르는 일은 더더욱 없었다.

루이스는 자신의 머릿속에서 생각을 없애달라고 간청했다. 루이스는 필사적으로 내게 물었다.

"나를 필요로 하지 않는 곳에서 제가 뭘 할 수 있겠어요?"

운동이나 악기를 배워보라는 내 권유에 루이스가 반응했다.

"맞아요, 베이스 기타를 한번 배워보고 싶어요!"

루이스는 자신에게 뭔가 정상적이지 않은 상황이 벌어지고 있다는 걸 분명히 파악하고 있었다. 루이스는 지금까지 살면서 보고 배울 롤 모델이 딱히 없었다. 밀린 숙제를 해오

라고 요구한 선생님도 없었다. 부모마저 루이스를 조금도 진지하게 대해주지 않았다. 루이스의 이념 성향에 대해 대화할 필요성을 느끼지 못했기 때문이다. 루이스는 마음이 어디로 향하든 그냥 뜬구름만 잡는 것 같았다. 게다가 루이스의 행동에 반응하고 받아주는 대상이 없었기 때문에 '난 누굴까?'라는 존재에 대한 의문이 떠올라도 조언을 구하거나 답을 찾을 수 없었던 것이다. 이렇게 쓸모 있는 사람이 되어야 한다는 강박과 모든 걸 오롯이 책임져야 한다는 생각을 지닌 채 성장하는 건 바람직하지 않다.

내가 루이스에게 운동이나 악기를 배워볼 것을 권한 데는 그만한 이유가 있었다. 대부분 운동이나 음악의 경우 지도자와 아이 사이에 계급 관계가 필수적으로 형성되기 때문이다. 축구 교실을 예로 들어보자. 코치는 워밍업 훈련을 할지 말지를 아이들과 의논하지 않는다. 코치는 자신의 지도 방침과 규칙적인 훈련을 통해 성과를 도출한다. 운동이나 악기를 배우는 것의 본래 취지는 흥미나 기분에 따라 대충 시간을 때우는 것이 아니다. 어떤 능력을 익히는 과정에서 즐거움을 발견하는 데 있다.

베이스 기타 레슨을 시작한 루이스는 롤 모델로 삼을 대상을 찾게 되었다. 그리고 반복된 연습 과정에서 나름대로 깨달음도 얻었다. 무엇보다 열심히 노력하면 다음 단계로 더 빠르게 넘어갈 수 있다는 경험이 큰 행복을 주었다. 마침내 어느 순간 루이스는 다른 사람들과 자신을 견주어 볼 수 있을 정도로 실력이 크게 늘었다. 이런 성취감은 루이스 스스로 나아가야 할 방향을 정하고 계획하는 데 밑거름이 된다.

많은 어른들은 어린이나 청소년이 제 앞길을 제대로 계획하지 못할 것이라고 단정해버린다. 기회로 가득한 복잡한 세상에서 아이들은 부딪히고 쓰러지는 것이 당연하다고 생각한다. 하지만 그렇다고 아이들이 자신의 스마트폰을 꾸미기 위해 온라인 쇼핑몰에 들어가 액세서리를 검색했을 때 수십 페이지의 검색 결과나 나온다고 해서 제대로 보지도 않고 로그아웃할까?

부모의 방식과는 다르지만 아이들도 나름대로 추구하는 방향과 계획이 있다. 이들의 주된 동력은 바로 '재미'다. 아이들은 즐거움이 보장되는 일을 하겠다고 결심하면 그 과정에 생기는 어려움도 거뜬히 감내한다. 하나의 목표를 설정하면 그 외에 다른 건 시야에 들어오지 않는다. 마치 부엌 찬장에 놓인 쿠키 상자를 발견한 18개월 아이처럼 말이다. 아이는 기어코 작은 의자를 가져와 그 위에 올라서서 쿠키를 꺼낸다. 쿠키 상자가 있던 찬장 안에는 깨지기 쉬운 유리

컵이 줄지어 있다는 것과 흔들리는 의자 때문에 자칫 떨어지기라도 한다면 다리가 부러질 수 있다는 건 조금도 신경 쓰지 않는다.

바로 이것이 문제다. 아이들이 당장 무엇을 해야 하는지 모른다는 건 그만큼 많은 부분을 제대로 인지하지 못하고 놓치기 때문이다. 감정과 마찬가지로 인지 능력 또한 지속적인 연습을 통해 발달된다. 1990년대만 해도 초등학교에 입학한 아이들은 얼마 지나지 않아 반 친구들의 이름을 모두 정확히 외웠다. 그러나 내가 아는 한 요즘 아이들은 그렇지 않은 것 같다. 나를 찾아왔던 아이들은 반 아이들의 숫자나 각 학년의 학급 수조차 정확히 답하지 못했다.

공생 관계에 빠진 부모를 둔 아이들은 주변을 인지하는 일만 어려워하는 것이 아니라 사물이나 다른 사람과 자신의 관련성에 대한 이해 역시 부족했다. 일반적인 정신 발달 단계로 보면 초등학교에 입학할 무렵부터는 아이 스스로 다양한 것에 대한 관심을 보이기 시작한다.

1990 여덟 살 알렉사는 건설 현장 구경하는 것을 좋아한다. 알렉사는 준설기나 크레인의 작동법도 알고 싶었다. 알렉사는

얼마 전까지만 해도 "너겟은 언제 다시 먹을 수 있어요?"처럼 자신과 관련된 일에만 관심을 보였지만 요즘은 날마다 쉴 새 없이 질문을 쏟아낸다. "공사장에 가려면 어떻게 해야 해요?", "우체국에서는 어떻게 일해요?", "은행에서는 무슨 일을 하나요?", "급유 펌프에서 나오는 석유는 어디서 생기는 거예요?"처럼 말이다. 요즘 알렉사는 모든 정보를 스펀지처럼 흡수하는 것 같다. 하루는 베이커리에 갔을 때 오븐에서 갓 나온 빵을 직접 만져보기도 했다. 이 경험은 알렉사에게 잊지 못할 기억이 되었다.

관심과 인지 능력은 떼어놓을 수 없는 짝이기 때문에 함께 발달한다. 아이가 흥미 위주로만 행동한다면 재미를 충족시킬 수 있는 것만 인지한다. 그 외에 정작 실생활에 필요한 많은 것들은 전혀 인지하지 못한다.

 여덟 살 루이스는 건설 현장 구경하는 것을 좋아한다. 대형 중장비가 커다란 구멍을 뚫는 모습을 지켜보며 무척 흥미로워했다. 그러나 루이스에게 공사 현장, 학교, 어린이 전용 축구장, 슈퍼마켓 등의 세상은 서로 연결되지 않는 모자이크 타일

같았다. 하루는 엄마와 함께 마트에 갔다. 엄마가 장을 보는 동안 루이스는 우체통에 편지를 넣고 약국 앞에서 엄마와 만나기로 했다. 하지만 그전까지 우체통이나 약국에는 관심이 없던 루이스는 어떻게 해야 할지 전혀 감을 잡지 못했다.

정신 발달 수준이 10~16개월 정도의 유아기를 넘지 못한 아이는 정서적 결핍과 제한적인 인지 능력뿐만 아니라 관계를 형성하는 능력도 부족하다. 실제로 루이스는 친구가 그리 많지 않다. 가정에서도 올바른 관계를 형성하는 법을 연습할 수 없었던 결국 루이스는 많은 시간을 홀로 보낸다. 자기 방에 틀어박혀 있든 부모와 함께 있든 아이는 눈앞의 스마트폰이 보여주는 작은 화면에만 집중한 채 시간을 보낸다. 예전만 해도 소통하는 법을 배우고 연습하는 최적의 시간이었던 이상적인 식사 시간의 모습은 이미 여러 가정에서 사라진지 오래다.

1990 온 가족이 저녁 식사를 하려고 함께 식탁에 둘러앉았다. 알렉사는 하굣길에 친구와 함께 발견한 둥지에서 떨어진 어린

새 얘기를 꺼냈다. 오후에 숙제를 마친 뒤에는 친구와 함께 지렁이를 찾아다녔다고도 했다. 가족들은 함께 새의 먹이로 무엇이 좋을지, 어린 새의 체온을 유지할 수 있는 방법 등에 대해 함께 이야기를 나누었다. 어릴 때 지빠귀에게 먹이를 준 경험이 있었던 아빠는 알렉사에게 유용한 조언을 많이 해줬다.

 온 가족이 거실 소파에 앉아 TV를 시청하고 있다. 소파 앞 테이블에는 간단한 샌드위치·채소·소스 등이 정갈하게 담긴 접시가 있다. 공식적으로는 식사 시간에 스마트폰은 사용 금지다. 하지만 그 규칙을 지키는 사람은 아무도 없다. 부모도 마찬가지다. 루이스는 태블릿으로 이런저런 재미있는 정보를 찾고 있었고 엄마는 다음 가족 여행을 위해 저렴한 항공권 검색에 빠져 있었다. 그 시간 아빠는 러시아의 고객이 보낸 메일을 검토하고 있었다.

이렇게 의사소통을 훈련하고 연습할 기회가 사라지면서 루이스는 낯선 환경에서 뭔가를 시도하기보다 그냥 집에 있는 걸 선호하게 되었다. 그렇게 되면서 부모는 종종 아이들에게 이렇게 말하곤 한다.

"애야, 이제는 좀 밖에 나가기도 하고 그래봐! 그냥 눈 질 끈 감고 딱 한 번만 해보면 돼!"

그렇지만 낯선 상황이 그저 불안하기만 한 루이스는 안정감을 느낄 수 있는 안전지대인 집을 도통 벗어나려 하지 않는다. 같은 반 친구의 부모가 바닷가 별장으로 초대했지만 그곳까지 갈 엄두도 내지 못했다. 아르바이트 면접 시간을 깜빡하기 일쑤였고 면접에 참석한다 해도 아무 말도 못하고 입만 뻐끔거리는 물고기마냥 앉아 있기만 했다. 이런 미숙한 태도와 낯선 것에 대한 두려움이 결합되자 루이스의 삶은 마치 좁은 복도를 걷는 것처럼 답답해졌다.

사실 루이스는 외로웠다. 진심으로 대화를 나눌 상대가 없었기 때문에 자신의 내면과 끊임없이 대화를 나눴다. 그리고 이런 모든 것이 사고 영역에 고스란히 전달될수록 불안감은 커져만 갔다.

문제아라는 오해

공생 관계에 빠져든 부모를 둔 아이들의 삶은 두 가지 모습을 보인다. 첫째는 내면 가득한 공허함이다. 둘째는 팽팽

한 긴장 상태의 연속이다. 도대체 왜 그럴까? 아이들은 세상에 태어나 인생의 첫해만큼은 왕처럼 지낼 수 있었다. 그러나 점차 성장해 학교에 다니기 시작한 뒤 학업 성적이 기대 이하로 나온 순간 부모는 아이들에게 압력을 행사하기 시작한다.

부부 사이에 일어나는 다툼은 대개 아이들의 학업 성취도 때문인 경우가 많다. 모든 아이들이 천부적인 학업 능력을 갖추고 태어났어도 공생 관계는 여전했겠지만 최소한 가정은 훨씬 조용했을 것이다. 그랬다면 아마 내 병원은 텅텅 비었을 것이다. 겉으로 보기에 평온해 보이는 부모도 아이가 훗날 좋은 직장을 얻지 못하고 사회에서 도태될까 전전긍긍하고 있다면 이미 오래전부터 공생에 빠져들었을 가능성이 높다.

이렇게 아이는 전력을 다해 노력하는 법을 제대로 배우지 못한 채 학교에 들어가면서 갑자기 최고의 성적을 받아야 하는 상황에 처한다. 이런 상황은 아이를 혼란스럽고 불안하게 만든다. 학업이 재미있는지는 별개로 일단 학교라고 하면 자신을 계속 질질 끌고 다니는 곳이라는 이미지를 떠올리는 아이들도 생겼다. 수업 시간에 몰래 빠져나오는 것도 이런 불쾌한 상황에서 벗어나려는 작은 일탈 중 한 방법이다.

종종 학교를 거부하는 아이들이 나를 찾아온다. 이런 아이들과의 대화는 거의 동일한 패턴으로 흘러간다. 아이는 학교에 가기 싫다고 말한다. 가기 싫어도 학교는 꼭 가야 하는 곳이라고 타이르는 대신 이렇게 묻는다. "왜 학교에 가기 싫은 건데?" 그러면 아이는 친구들이 따돌릴까 봐 두렵다고 대답한다. 예상을 뛰어 넘는 답변에 이미 공생에 빠진 부모는 깜짝 놀라 아이의 발언을 제대로 확인해볼 생각조차 하지 못한다. 아이가 말하는 이 두려움의 배후에는 무엇이 있을까? 아이는 "따돌림", "두려워요" 같은 말에 부모가 즉각적인 반응을 보인다는 걸 재빠르게 눈치챈다.

아이가 압박을 느낄 때 흔히 등장하는 반응으로 공격성을 꼽을 수 있다. 끊임없이 압박하는 부모의 태도는 아이들의 공격성을 부추긴다. 그 강도가 심해질수록 아이들도 더 날이 서기 마련이다. 아이들에게는 이 공격성을 잠재우는 각자만의 방식이 있다.

내 병원을 찾은 청소년 중 얼마 전부터 대마초 흡연자가 눈에 띄게 증가했다. 대다수가 흡연을 하고 있는 십 대 남자아이들이었는데, 그중에는 조인트(마리화나를 돌돌 말아 담배처럼 만든 것.-옮긴이)까지 경험한 학생도 있었다. 아이들은 이렇게 위험한 방식으로 문제를 떨쳐버리면서 이완되고 편안한 기분에 젖어들었다. 반면 여자 아이들은 매우 어릴 때부터 스트레스 해소법으로 자해를 하곤 했다. 2014년 영국의 국민 건강 보험 제도인 NHSNational Health Service는 16~24세를 대상으로 자살 시도를 제외한 자해 경험을 조사했다. 여성의 경우 25.7%, 남성의 경우 9.7%가 경험이 있다고 답했다.[8] 응답자가 시행한 방법은 날카로운 도구로 팔목 긋기, 피가 나올 때까지 손톱 물어뜯기, 촛농 떨어트리기, 담뱃불로 지지기, 성냥으로 화상 입히기 등이 있었다. 신체적 고통은 내면에서 일어나는 공격성을 잠시나마 진정시키는 효과가 있었고, 아이들은 그제야 정상적인 판단을 할 수 있었다. 이런 자해에는 또 다른 기능이 있다. 아이들은 자해 시도를 함으로써 지금까지 그랬듯 권력이 여전히 자신의 손에 있다는 걸 확인했다.

문제 행동을 보이는 아이들의 동기에 대한 해석은 전반적으로 오류가 많다. 많은 어른들은 이런 아이들이 항상 거부하는 부정적인 태도, 예의 없음, 집중력 산만 같은 태도를 보인다고 생각한다. 이 세 가지는 핵심을 빗겨난 것이다. 정신 발달이 겨우 10~16개월 정도에 불과한 아이는 아직 거부하는 능력을 갖추지 못했다. 거부란 자신과 마주한 타인을 인지해야만 가능한 상호 작용이기 때문이다. 따라서 2~3세까지 정상적인 정신 발달 과정을 거친 아이들만이 상호 협력 또는 거절을 직접 결정할 수 있다. 정신 발달이 그 이전 단계에서 멈춰버린 아이는 다른 사람들과 협력하지도, 부당한 일을 거부하지도 못한다. 이런 경우에는 어른이 아이 곁에서 하나씩 차분히 알려줌으로써 문제 행동을 교정해나갈 수 있다.

정신 발달이 미성숙한 아이들이 예의가 없다고 생각하는 것도 동일한 맥락이다. 어느 시대마다 제대로 교육받지 못하고 예의 없는 아이들은 존재했다. 그러나 요즘 아이들은 최고의 교육을 받으면서도 예의를 갖추지 못했다. 예컨대 많은 사람들이 모이는 식당에서 아이가 큰 소리로 떠드는 건 식당이라는 장소의 특성을 인지하기 못하기 때문이다. 아이가 신체 나이에 상응하는 정신적 성숙을 갖추지 못했다고 해도 예의 바른 척이라도 하도록 훈련시킬 수 있다.

이런 아이들을 그냥 포기해버리는 건 아이에게도 재앙이다. 정신 발달이 유아기에 멈춰버렸기 때문에 많은 아이들은 감수성이 부족하고, 재미 외에는 추구하는 방향성도 없고, 의사소통 능력이 부족해 외로움을 잘 느끼고, 자신은 물론 타인에게도 공격적인 성향을 보이고, 병적으로 행동한다는 눈초리를 받는다.

무지갯빛 어린 시절을 돌려주자

부모는 아이에게 행복하고 멋진 어린 시절을 선물하려 하지만 자식과 공생 관계에 빠져들면 불가능해진다. 절대 이길 수 없는 아이와의 주도권 싸움에서 엉망이 되어버린 부모는 부모에 대한 배려와 존경심이라고는 손톱만큼도 없어 보이는 아이 때문에 힘들어한다. 아이의 문제 행동의 원인에 대한 너무 많은 설명과 분석들은 부모를 도리어 미궁 속으로 빠트린다.

교사는 홀로 세 전선에서 동시에 전투를 치러야만 한다. 하나는 교사를 학습 동반자로 규정하려는 교육 정책, 또 하나는 자식과 공생 관계에 빠져 아이의 학교생활이 원활하지 않거나 문제가 생기면 곧바로 공격하려 두 눈 부릅뜨고 지켜보는 부모, 마지막으로 교사를 원하는 대로 조종하려는 아이들이다.

아이는 내면의 공허함과 외부의 압박이라는 두 가지의 커다란 긴장감을 지닌 채 불안하게 움직인다. 아이는 자신의 인생에 다양한 가능성이 펼쳐져 있다는 생각을 조금도 하지 못한다. 부모와 교사는 아이에게 즐거움을 선사하기도 하지만, 다른 한편으로 현재 상황으로는 절대 도달 불가능한 높은 수준의 성적을 요구하기도 한다. 결국 아이는 당황과 혼란을 반복해서 겪으며 점점 피폐해진다.

왜 이렇게까지 전쟁을 치르고 에너지를 허비해야 할까? 그리고 어린 시절은 왜 이리 순식간에 사라져버렸을까? 아이의 정신 발달이 완전해질 때까지 부모와 교사는 좀 더 많은 시간과 인내심을 투자하며 곁에서 보살펴야 한다. 무엇보다 아이를 아이로 바라보는 능력을 되찾아야 한다. 아이는 어른의 동반자도, 누군가의 신체 일부도 아니기 때문이다. 우리 아이들이 바라는 건 나이에 걸맞지 않은 부담과 책임으로부터 어른의 적절한 보호를 받고, 자신만의 길을 걸으며 어른으로 성장하는 것이다.

우리의 아이들에게 어린 시절을 돌려주고 싶다면 어른의 노력이 꼭 필요하다. 이것이 다음 장에서 다룰 핵심 내용이다. 아이와 어른의 정신세계를 각각 이해하고, 공생과 같은 그릇된 방향으로 향했던 이유를 살펴보며, 제 기능을 되찾는 법을 깨닫게 될 것이다. 그래야만 부모와 교사는 루이스가 인생에서 책임감 있게 자기 자리를 찾아가는 과정에서 사교성을 키워주고 정서적·사회적으로 성숙한 인격체가 되도록 적극 후원할 수 있다.

PART 3

우리 아이 내면을 단단하게 만드는 법

키만큼 마음도
자라는 아이들

지금까지는 아이의 올바른 정신 발달을 중점으로 다뤘다. 이제는 올바른 정신이 약속하는 것과 그것을 통해서도 얻을 수 없는 것, 그리고 뜻하지 않았지만 아이의 정신 발달이 멈춰버렸을 때의 결과 등을 심도 있게 살펴볼 것이다.

정신은 뇌에 기록된 의식과 무의식에 따른 사건 전부를 포괄한다. 신체와 정신은 우리를 하나의 온전한 인격체로 완성하는 두 개의 주춧돌이다. 쉽게 말하자면, 정신은 우리가 신체에 스며들도록 해준다. 물론 이때 신체와 정신을 각각의 분리된 두 개의 개별 요소로 이해하는 실수를 저지르지 말아야 한다. 두 요소는 여러 면에서 유기적으로 얽혀 있다. 그러나 신체와 정신 사이에는 근본적인 차이가 있다. 신체는 보고 만지고 측정 가능한 반면 정신은 그렇지 않다. 정신을 확인하는 명확한 방식은 아직 존재하지 않는다. 단지 간접적인 방식으로만 짐작할 뿐이다.

충분한 영양 공급을 통해 성장하는 신체처럼 정신도 성장한다. 시간이 지나면서 흡수하는 모든 감각이 정신의 자양분이 된다. 정신도 복합적인 성장을 거듭하고 인지할 수 있는 연관성과 체계는 날로 증가한다. 나이를 먹을수록 현실 세계를 잘 이해하게 되고 적응 능력도 좋아진다.

이제 우리는 신생아 시기부터 청소년기까지 각각의 신체 연령에 따라 정신 발달이 어떻게 이루어지를 살펴볼 것이다. 이를 통해서 세상이 돌아가는 방식을 바라보는 아이들의 관점, 그 안에서 아이들이 자신의 자리를 마련하는 방식이 어른들의 생각과 사뭇 다르다는 것을 깨닫길 바란다(이 내용을 간략하게 정리한 표는 194쪽에서 다시 확인할 수 있다).

신생아~10개월

태어난 지 이제 막 4주 된 신생아는 하루의 대부분을 잠으로 보낸다. 깨어 있을 때는 신체로 느끼는 다정한 손길을 즐긴다. 배가 고프면 불편하기 때문에 울음을 터트리다가도 엄마가 다가와 젖을 주면 금세 안정을 되찾는다. 모든 신생아는 무엇보다 자신의 욕구 충족이 우선이다. 세상일을 아무것도 모른다.

신생아의 정신은 매우 미숙하고 불분명하다. 외부 세계와 내면의 경계는 불분명하다. 방이나 물건 그리고 사람이 존재하는지 분간하지 못하고 스스로 느끼는 감정의 차이도 아직 제대로 구분하지 못한다. 이때 인지하는 건 그저 자신의 기분이 괜찮은지 아닌지 정도에 불과하다. 아마 이런 생각을 할 것이다.

'내게는 엄마가 전부이고 그 세상은 오롯이 나를 위해 존재한다.'

신생아에게 세상의 장막은 여전히 굳게 드리워져 있다. 장막을 조금만 걷어도 그 사이로 빛이 쏟아진다. 시간이 흐르면서 감각이 또렷해지고 세상과 접점도 늘어난다. 쏟아지는 다양한 정보들이 정신에 차곡차곡 분류되어 쌓이고 그것을 토대로 나름의 결론을 낼 수 있게 된다. 굳이 부모가 나서서 동기를 부여할 필요가 없다. 때가 되면 자연스레 확장되기 때문이다. 이렇게 정신은 쉴 새 없이 성장을 위해 정진한다. 인생이란 무대의 장막을 단계별로 열어보며 세상에 직접 부딪치면서 하나씩 파악하려는 노력을 거듭한다. 이렇게 시간이 흐르면 외부 세계를 차츰 이해하게 될 것이고 내면은 말할 것도 없다.

대략 생후 30개월까지는 자기를 중심으로 세상을 탐험하는 데 집중하는 시기다. 운동 능력이 어느 정도 발달하면 손에 닿는 모든 걸 실험하고 조사하는 탐험이 시작된다. 딸랑이나 단순한 나무 블록조차 탐구 대상이다. 이 시기에 아이는 모든 걸 손으로 만져보려 시도하고 전부 입으로 가져간다.

이때 아이는 뭔가에 몰두한 채 앉아 있기도 한다. 한 손에는 플라스틱 자동차 장난감이, 다른 손에는 나무 블록이 들려 있다. 두 장난감을 공중에 휘두르며 서로 부딪친다. 손에서 떨어진 자동차가 카펫 위에 놓여 있던 나무 블록과 부딪치며 소리가 난다. 이 소리는 아까와 조금 달랐다. 호기심이 생긴 아이는 빈 손바닥으로 바닥을 내리친다. 그러고는 몇 분 동안 나무 블록을 카펫 위에서 이리저리 굴린다. 실험에 몰입하다 보니 아빠가 방에 들어온 것조차 깨닫지 못했다. 아빠는 온전히 집중한 채 이리저리 끙끙대는 아이의 모습을 흐뭇한 표정으로 지켜본다.

호흡이 가쁠 정도로 끙끙대는 아이의 모습은 어떻게 보면 당연하다. 세상을 탐구하는 일이란 매우 험난한 과정이니 말이다. '엄마의 냄새는 어떨까?', '나무 블록은 무슨 맛일까?', '축축한 모래는 어떤 느낌일까?' 아이의 정신은 지칠 줄 모르고 세상의 특징에 대한 정보를 수집하고 스펀지처럼 흡수한다.

아이의 정신은 예전에 비해 상당히 성장했다. 이제 이 세상에 나만 존재하지 않는다는 걸 깨달았고 외부 세상도 자각하면서 세계상이 그만큼 넓어졌다. 태어나자마자 엄마의 존재를 인지했고 얼마 지나지 않아 엄마와 아빠가 다른 사람이라는 걸 깨달았다. 그리고 또 다른 사람들을 인지한 순간부터 낯가림이 시작된다. 물론 이 과정도 시간이 흐르면서 차츰 나아질 것이다.

하지만 단 하나만큼은 달라지지 않았다. 아이의 인식 체계에서 여전히 세상의 중심은 아이 자신이다. 신생아 때와 마찬가지로 배후에서 모든 걸 조종하는 건 아이의 몫이다.

손에 쥔 나무 블록 두 개를 계속 부딪쳐보며 마음대로 움직일 수 있다는 걸 깨닫는다. 소리를 지르거나 칭얼거리면 엄마가 당장 달려와 뭐가 불편한지 확인한다. 이때 아이는 '내가 엄마를 움직일 수 있구나' 하고 깨닫는다. 식탁에서 숟가락을 던져버리면 할머니가 바닥에 떨어진 숟가락을 주워준다. 이때 아이는 '내가 할머니도 움직일 수 있구나' 하고 깨닫는다. 사람들은 아이가 방긋 웃거나 옹알이를 하면 다정한 눈빛으로 관심을 보인다. 이때 아이는 '내가 엄마와 할머니 말고도 주변 사람까지 움직일 수 있구나' 하고 깨닫는다.

이때의 아이는 모든 것이 제 밑에 놓여 있고 자신의 행복을 위해 존재한다고 믿기 때문에 딱히 사물과 사람을 구분하지 않는다. 기어 다니기 시작하고 걷기를 시도하면서 자기중심적 세계가 조금씩 깨진다. 누군가에 의지해 안겨 다니거나 무언가에 태워지는 상황에서 벗어나 스스로 이동할 수 있다. 이런 변화는 세상을 공간적인 측면에서 인지하려는 정신 발달을 시작으로 다양한 결과를 가져온다.

주변 사물을 분류하고 구분하는 임무에 비하면 기어 다니고 걷는 것은 굉장한 성장이다. 그러나 탐험 여행은 곧 한계에 봉착한다. 평소처럼 손바닥만 마주치는 행동으로는 극복할 수 없다는 걸 인지한다. 게다가 무거운 거실 탁자도 큰 걸림돌이다. 이 시기에는 부모와의 관계에도 근본적인 변화가 생긴다. 예전만큼 부모의 반응을 예측하기 힘들어진다. 때로는 울고불고 해도 반응을 유도하기까지 시간이 걸린다.

아이는 이따금씩 외로움을 느끼기 시작한다. 엄마는 두 걸음쯤 뒤에 앉은 아이가 울음을 터트려도 등을 돌린 채 움직이지 않는다. 이제 엄마는 아기의 울음소리를 들으면 얼마나 다급한지 알 수 있다. 고개를 돌려 아이를 바라보니 입술을 앞으로 내민 채 뾰로통한 표정으로 있다. 관심을 원한다는 뜻이다. 아이를 바라보며 잠시 미소 지은 엄마는 하던 일을 최대한 빨리 끝내고 싶은 마음에 몸을 돌려 다시 일에 집중하기 시작한다. 아이는 자신이 부를 때 엄마가 즉시 달려오지 않는 이 상황이 조금도 익숙하지 않다. 그렇게 2분쯤 흐르고 나서 엄마는 아들을 번쩍 안아 들고 웃음이 터져 나오도록 아이의 배를 간질인다.

아이는 유대감 형성을 위해 생후 몇 달 동안 부모가 즉각적인 반응을 보였던 시기가 끝났다는 걸 깨닫지 못한다. 이제부터는 양육자의 직관에 따라 아이가 기다리게 하거나 상황에 따라 울음을 멈출 수 있도록 훈련시키기 시작한다. 이때부터 주도권은 아이에게서 부모로 넘어간다.

아이는 '마음대로 움직일 수 있는 건 무엇이고, 그럴 수 없는 건 무엇일까?', '책장에서 책을 꺼내면 아빠가 반응할까?', '소리를 지르면 엄마를 마음대로 움직일 수 있을까?', '엄마가 나한테 올 때까지 기다려야 할까?' 등 다양한 정보를 확인하는 데 전념한다. 부모는 각자만의 생활이 있기 때문에 아이가 원하면 안아주기도 하지만 그러지 못할 때도 있다. 아이가 이런 걸 제대로 파악하는 것은 여간 까다로운 일이 아니다. 16개월이 끝나가는 무렵에서야 아이는 주변의 사물과 사람 중 마음대로 할 수 있는 대상과 그렇지 않은 걸 구분할 수 있게 된다.

공생에 빠진 부모를 둔 아이에게 결여된 발달 단계가 정확히 이 지점이다. 자식에 대한 개념을 올바르게 정립하지 못한 부모는 아이를 자신의 신체 일부처럼 여긴다. 아이가 울음을 터트리면 부모는 똑같은 고통을 느끼며 반사적으로 반응한다. 부모는 아이가 요구하는 것들을 거의 모두 충족시켜주며 '매사가 항상 뜻대로만 되지 않는다'는 경험을 하지 못하게 만든다. 아이와 유대감 형성을 위해 생애 첫 몇 개월 동안만 절대적으로 필요했던 것이 이제는 성장에 걸림돌이 되어버린 것이다. 아이가 느끼기에 부모는 마음대로 할 수 있는 사물과 다를 바 없다. 아이는 지금까지의 짧은 경험만으로는 부모 역시 그들만의 의지가 있는 사람이라고 인지하지 못한다. 따라서 아이는 마음대로 조종 가능한 사물과 그럴 수 없는 인격체의 차이를 자신의 세계상에 반영하는 데 실패한다.

여기서 한 가지를 상기하자면, 아이는 확장이라는 본능을 가지고 태어난다. 한 단계를 터득하면 다음 단계로 성큼 뛰어오른다. 아이는 이를 통해 배우고 납득하고 세상을 정복하려 한다. 10개월 이후 아이에게 필요한 건 침착하게 한 발 뒤에 물러서서 아이가 스스로 선택하는 모습을 지켜보는 것이다. 그것만으로도 아이의 세계상이 한층 깊어지는 데 큰 도움이 된다. '세상이 나를 중심으로 도는 건 아니구나!'라는 깨달음은 다음 발달 과정의 밑거름이 된다. 30~36개월 무렵의 아이는 성인의 언행을 보고 배운다. 그러기 위해서는 우선 아이가 자신을 이 세상의 왕처럼 생각하는 걸 그만두도록 해야 한다.

10개월 이후 아이의 성장을 가로막는 가장 큰 장애물은 아이가 스스로 기어 다니고 걷기를 배워야 하는 시기에 항상 차로 이동하고 안겨 다니고 또 세발자전거에 벨트까지 채워 꼼짝 못 하도록 앉히는 것이다. 아이가 스스로 움직이려는 욕구는 점차 사라져버리고 만다. 일부 경우에는 엄마가 해야 할 일 때문에 시종일관 아기를 업고 다니기도 한다. 처음에는 무의식적으로 버둥거리던 아이도 몇 주만 지나면 얌전해진다.

움직임이 거의 없는 이런 상태가 지속될 경우 운동 능력에만 영향을 주는 건 아니다. 정신이 형성되는 뇌 성장과 관련된 여러 연관 학습에서 신체 움직임은 필수다. 그러나 유치원이나 학교에 다닐 나이가 되어도 신체 활동 시간은 턱없이 부족하다. 아이도 밖에서 뛰어노는 걸 고집하지 않기 때문이고(부모가 처음부터 밖에서 노는 법을 가르쳐주지 않았다), 부모의 입장에서도 이미 심신이 지쳐 있어 아이가 자신의 마음에 들지 않는다고 떼쓰는 모습을 받아줄 여력이 없다. 하지만 그럴수록 아이가 경험을 통해 쌓을 수 있는 기본적이면서도 중요한 깨달음의 기회 역시 사라진다.

현재 루이스는 무엇이 되었든 고민하고 노력해야 하는 일은 하기 싫어했다. 대신 컴퓨터 앞에 앉아 게임하는 시간은 밤을 새더라도 마냥 좋았다. 루이스는 좋아하는 게임의 처음 몇 스테이지는 아주 빨리 끝냈지만 그 후로는 마음대로 진행되지 않았다. 며칠 동안 무던히 노력했지만 끝내 성공하지 못했다. 루이스는 유튜브에서 프로 게이머들의 모습을 보고 자신이 봉착한 문제점의 해답을 발견했다. 그때부터 루이스는 게임에서 손을 떼고 게이머들이 플레이하는 모습을 지켜보기만 했다.

노력하는 것을 거부하고 욕구 좌절 인내성이 결핍되어갈수록 다채롭고 즐거운 경험으로 가득 채워져야 할 어린 시절은 공허하고 무미건조해진다. 그러나 루이스의 세계상이 여전히 어린아이에 멈춰 있다는 것이 가장 큰 문제다. 루이스는 5세, 10세, 15세가 되었을 때도 행동의 제한이나 능력의 한계를 깨닫지 못했고 모든 걸 결정하는 건 자신이라고 확신했다. 이래서 어떻게 친구를 사귀고 대인 관계를 형성하고 팀워크를 구현한단 말인가? 이런 나르시시즘에 취한 세계상은 올바른 성인으로 성장하는 길목에 놓인 장애물일 뿐이다.

아동기

이제 16개월 이후부터 16세에 이르는 일반적인 정신 발달 과정을 살펴보자. 알렉사는 이런 정신 발달 과정을 거쳤지만 루이스는 그러지 못했다.

알렉사가 30~36개월이 되던 무렵, 주변을 파악하고 구분하는 데 필요한 정신 발달은 어느 정도 수준에 이르렀다. 알렉사는 자기 세상을 보여주는 지도를 좀 더 정확히 그리려고 꾸준히 노력했다. 그러나 유치원 가는 길에 있는 알렉사가 좋아하는 담장, 엄마가 장을 보러 가는 마트, 그리고 놀이터가 각각 분리된 장소가 아니라 큰 세계 안에 서로 이어져 있다는 걸 깨닫기까지는 시간이 조금 더 필요했다.

그러나 예전에 전혀 없었던 새로운 면모가 아이에게 추가됐다. 알렉사는 부모가 무슨 반응을 보이는지에 더는 흥미를 느끼지 못했다. 얼마 전까지만 해도 알렉사는 책장에 있는 책을 전부 뽑아버리면 아빠가 어떻게 반응하는지 궁금했다. 이제 알렉사는 어른의 행동을 흉내 낸다. 앞으로 알렉사의 인생을 좌우할 결정적인 시기다. 어른의 언행을 보며 스스로 옳고 그름을 발견하기 때문이다.

1990 네 살이 된 알렉사는 다양한 색에 관심을 가지게 되었다. 유치원에서 알록달록한 분필을 꺼낼 때마다 눈빛이 초롱초롱 빛났다. 보육 교사는 알렉사가 그린 그림을 자주 칭찬했다. 어느 날, 알렉사는 집에서 굉장한 것을 발견한다. 서랍장에서 색

연필을 찾은 것이다. 즐거운 마음으로 색연필을 꺼낸 알렉사는 벽에 애정을 가득 담아 멋진 그림을 그리기 시작한다. 그러다 알렉사의 낙서를 발견한 아빠가 무서운 목소리로 호통을 치자 깜짝 놀랐다.

아빠의 호된 반응은 어린 알렉사가 예상하지 못했던 변수다. 어떨 때는 그림을 그려도 되고 또 어떨 때는 그림을 그리지 말라니. 혼난 후에도 벽에 그림을 그리는 알렉사의 행동을 단순히 반항심으로 판단하는 건 섣부른 판단이다. 아빠는 알렉사에게 명확히 설명한다.

"알렉사, 다시는 그러면 안 된다! 할 일도 산더미 같은데 낙서 때문에 지금 벽에 새로 페인트칠을 해야 하잖니!"

꼬마 알렉사는 이런 연관성을 전부 이해하기에는 너무 어렸지만 자신의 행동이 아빠를 화나게 한다는 것만큼은 깨달았다. 그런데 그다음 날 유치원에서 그림을 너무 잘 그렸다며 선생님께 칭찬을 받았다. 알렉사는 이런 상황이 수수께끼처럼 알쏭달쏭하기만 하다. 알렉사는 이 상황을 제대로 깨닫기까지 몇 차례의 시행착오가 더 필요했다. 그런 후 비로소 이런 결론을 내릴 수 있었다.

'아하, 종이에는 그림을 그려도 되지만 벽에는 안 되는구나!'

이 시기 아이의 정신 발달은 하루하루가 도전의 연속이다. 아이가 느끼기에 어른들의 반응은 기대했던 것과 동일하기도, 때로는 그렇지 않기도 하다. 이럴 때 긍정적인 반응은 물론 부정적인 반응에 대해서도 명확하게 설명할수록 그 차이를 깨우치기가 훨씬 수월해진다. 그리고 어른의 기대와 의도를 파악하기까지 거쳐야 했던 시행착오도 줄어든다. 이것은 부모가 꼭 엄격한 태도를 고수해야 한다는 의미는 절대 아니다.

 세 살 알렉사는 흐뭇한 표정으로 모래 놀이터에 앉아 굴착기 장난감을 가지고 노는 데 열중하고 있고 알렉사와 동갑내기 친구 시몬은 그 옆에서 구멍을 파고 있다. 굴착기를 만져보려 했던 시몬의 소심한 시도는 알렉사가 재빠르게 등을 돌리면서 무산됐다. 하지만 부러운 눈빛으로 굴착기를 바라보는 시몬의 시선은 점점 강렬해진다. 알렉사의 엄마가 이런 두 아이의 모습을 감지하고는 아이들 주변으로 다가온다. 그리고는 두 아이가 쌓아놓은 모래 더미를 칭찬하며 말을 건넨다.

"알렉사, 시몬에게 잠시 굴착기 장난감을 빌려줄까?"

알렉사는 엄마의 말을 그대로 따랐다. 시몬은 너무나 행복해했다. 시간이 흐른 뒤 알렉사의 엄마는 시몬에게 말한다.

"시몬, 이제 알렉사에게 장난감은 다시 돌려주는 건 어떨까?"

시몬은 계속 가지고 놀고 싶었지만 순순히 장난감을 돌려주었다. 그 후로도 알렉사의 엄마는 계속해서 다른 아이에게 뭔가를 빌려주도록 연습을 시켰다.

어느 날, 처음으로 알렉사가 스스로 시몬에게 모래 놀이 삽을 건네는 모습을 보며 알렉사의 엄마는 뿌듯한 마음에 환한 미소를 지었다.

솔직히 부모는 아이의 모습을 볼 때마다 이대로 그냥 두기에는 뭔가 부족하다는 걸 직감하곤 한다. 때로는 그 상황에 적극적으로 개입해 그 상황에 필요한 사회적 행동을 적절히 훈련시킨다. 알렉사 혼자서는 절대로 시몬에게 장난감을 빌려줄 생각을 하지 못했을 것이다. 알렉사는 썩 마음에 내키지 않았겠지만, 엄마의 말을 그대로 따랐다. 왜냐하면 가장 신뢰하는 엄마의 말이었기 때문이다. 알렉사는 기뻐하는 엄마의 반응을 보며 깨닫는다.

'우와, 이게 잘한 거구나!'

이때 기대한 만큼 효과를 볼 수 없는 방법이 하나 있다.

그건 바로 교육 이론에서 말하는 것처럼 장난감을 빌려주는 것이 왜 좋은지 이유를 구구절절 설명하는 것이다. 어린아이에게 사회적 행동을 훈련하는 과정은 행동으로 실천하며 익히는 것이지 아이가 준비되지 않은 상황에서는 이성적 사고를 통해 얻을 수 없기 때문이다.

학교 친구의 참혹한 모습을 찍은 동영상을 온라인에 업로드하지 말라고 아무리 으름장을 놓아도 이런 단순 경고성 말만으로는 열한 살 아이의 마음을 되돌려놓기에 역부족인 것처럼 말이다.

현재 열한 살 루이스는 교내에서 벌어진 집단 폭행 사건을 목격하고도 말리거나 주변에 도움을 청하는 대신 스마트폰으로 영상을 촬영해 그룹 채팅방에 유포했다. 루이스의 부모는 아이가 그렇게 행동했다는 것을 도저히 믿을 수 없었다. 처음에는 루이스가 아니라며 강하게 부정했기 때문에 그 말을 믿었던 부모는 다른 학생의 짓일 거라 생각했었다. 그러나 루이스의 담임 선생님은 쉽게 속지 않았다. 정황상 모든 증거가 확실했기 때문에 루이스는 결국 영상을 유포한 사람이 자신이라고 시인했다. 충격에 휩싸인 부모는 저녁 내내 아이와 함께 이 사건에 대한 이야기를 나눴다. 부모는 루이스에게 폭력·협력·존엄성 및 그 밖의 많은 주제에 대해 말했다. 루이스는 부모님과 대화하면서 자신을 향한 애정을 다시금 피부로 느낄 수 있었다.

다음 날, 루이스는 같은 반 친구가 화장실로 끌려가는 모습을 또 목격했다. 루이스가 또다시 촬영 버튼을 누르는 데는 1초도 채 걸리지 않았다. 루이스는 이 영상을 어떻게 퍼트려야 더 재미있을지 고민하고 있었다.

루이스의 행동에 변화가 있으려면 무엇보다 루이스 스스로 자신의 행동이 낳는 결과를 제대로 납득하고 공감하는 등 많은 것이 이뤄져야 한다. 이때부터 계속 훈련하다 보면 13~14세 무렵부터는 틀림없이 변화가 몸에 익게 된다. 부모는 이런 자세가 완성되기 전에는 설명만으로 제대로 이해할 수 없다는 걸 꼭 염두에 두어야 한다. 만약 루이스가 계속 동급생을 따돌리고 괴롭히는 데 동참한다면 우선 단기적으로는 단호하고 명확한 톤으로 아이에게 강조해야 한다.

"그래서는 절대 안 돼. 아빠와 엄마는 그런 행동을 참을 수 없구나. 우리가 보기에 넌 휴대폰을 제대로 사용하지 못하는 것 같아."

그리고 루이스의 휴대폰을 압수해야 한다.

아이는 부모의 설명이 아니라 감정적인 반응에 따라 행동 방향을 정하고 그것을 기반으로 사회적 행동을 연습하고 배워나간다. 연습의 효용은 아무리 강조해도 지나치지 않다. 사회적 행동의 습득은 구구단처럼 간단한 기초 상식이나 축구 같은 운동에서도 마찬가지다. 드리블 훈련을 최소 수천 번 반복해야 실제 경기에서 1초도 안 되는 짧은 순간에 정확한 방향으로 발을 뻗어 공을 찰 수 있다. 이것은 뇌의 인지 과정을 거쳐 행동으로 이어지는 것이 아니다. 오히려 무의식적인 반응에 가깝다. 이런 토대가 견고하게 다져진 후에야 이론적인 접근도 의미가 있다. 기본기를 충분히 닦아놓아야 감독과 머리를 맞대고 경기를 분석해 전략에 대해 의논할 수 있는 것처럼 말이다.

36개월부터 중학교를 졸업할 무렵까지 알렉사는 사회적 행동을 반복해서 연습했다. 그러나 사회적 행동을 연습하지 못한 루이스는 계속해서 자기중심적 사고방식으로 주변을 조종하려는 태도를 고수했다.

 이제 돌이 된 알렉사와 루이스 모두 한창 주변을

탐험하는 시기라 레스토랑에서 얌전히 앉아 있기란 불가능하다. 놀이에 빠진 아이는 일부러 숟가락과 포크를 바닥에 떨어트린다. 곧이어 냅킨도 바닥에 던진다. 엄마가 그만하라고 얘기하자 성난 목소리로 울음을 터트리고 만다. 집과는 지켜야 하는 규칙이 엄연히 다른 낯선 장소라는 걸 깨닫기에도 아직 너무 어린데 물건을 바닥에 떨어트리면 안 된다는 건 또 어떻게 이해하겠는가.

1990 여섯 살 알렉사는 어른들이 주의를 주자 레스토랑에서 가만히 앉아 있었다. 아빠가 냅킨을 들어 다리에 펼쳐놓자 알렉사도 재빨리 따라한다. 알렉사가 제대로 교육을 받았기 때문이 아니라 눈치가 빠르기 때문이다. 이때 아이는 이렇게 생각한다.

'여기서는 주의 깊게 행동하면서 부모님 말을 잘 따라야 해.'

알렉사가 얌전히 식사를 다 마치자 엄마는 미리 준비한 놀이 상자를 조심스레 꺼냈다.

현재 여섯 살 루이스는 레스토랑에서 이리저리 뛰어다니다가 결국 5분 만에 물을 엎지르고 수저를 바닥에 떨어트리고 의자를 넘어뜨렸다. 루이스의 부모는 주변에 최대한 피해를 주지 않으려 애썼다. 식탁보에 쏟아진 물을 얼른 닦고 떨어진 숟가락과 포크를 재빨리 주웠다. 아빠는 내키지 않았지만 루이스를 얌전히 있게 하려고 스마트폰을 건넬 수밖에 없었다. 먹고 싶은 메뉴를 묻는 엄마의 질문에도 루이스는 한참을 고민했다. 주문을 다 하고 난 뒤 갑자기 생각이 바뀐 루이스는 다른 메뉴가 먹고 싶다며 조르기 시작했다. 부모는 직원에게 연신 미안하다고 말한 후에야 먼저 했던 주문을 취소할 수 있었다. 주문한 음식이 빨리 나오지 않자 루이스는 뾰로통해진다. 마침내 음식이 나왔지만 맛이 생각했던 것과 다르다며 칭얼대기 시작했다. 부모가 열심히 달래봤지만 소용이 없었다. 루이스의 가족은 최대한 서둘러 먹고 정확히 30분 만에 레스토랑을 나왔다. 가족 모두 진땀을 흘릴 정도로 잔뜩 짜증 난 상태라는 건 말할 것도 없었다.

아이가 천사는 아니다. 그건 일반적인 정신 발달 과정에 따라 성장한 아이도 마찬가지다. 아이는 실수를 통해 배워간다. 그렇게 알렉사는 나이를 먹을수록 옳고 그름을 정확히 판단하게 된다. 하지만 이런 깨달음을 행동으로 실천하는 건 또 다른 문제다.

사춘기

  태어나서부터 지금까지 아이의 정신은 쉴 틈 없이 수많은 정보를 수집하고 분류했다. 그 결과는 매우 성공적이었다. 이제 아이는 사고·판단·기억 등의 인지 능력을 자유롭게 활용할 수 있고 부담을 견딜 수 있는 정서적·사회적 정신 발달 수준에까지 이르렀다. 이는 다음과 같은 행동을 보면 알 수 있다.

  첫째, 타인의 감정까지 고려할 수 있고 자신의 감정 역시 제대로 구분한다. 예컨대 강한 두려움이 덮쳐 와도 그 감정에서 한 발 뒤로 물러나 그 원인을 되짚어보곤 한다. 둘째, 자신의 욕구와 기분도 사회의 규칙·방식·의식에 맞출 줄 알게 되었다. 이런 규칙을 마지못해 억지로 하는 시늉만 하는 것이 아니라, 그 효용을 내면으로 받아들이고 이해했기 때문이다. 셋째, 마음에 좌절감이 생겨도 잘 대처할 수 있게 되었다. 필요하다면 욕구를 잠시 억누르기도 한다. 이제는 좀 피곤해도 학교에 잘 가고 별 흥미가 없어도 하고 있던 일을 끝내기 위해 집중한다. 넷째, 타인의 의견이 자신과 다를 때도 현명하게 대처할 수 있게 되었다. 비판을 수용하고 분쟁이 일어나지 않도록 인내하며 양쪽 의견의 장점을 보게 되었다. 다섯째, 자신의 행동으로 인해 일어날 결과를 진지하게 고민하며 책임을 지려 한다. 또한 도덕적 기준에 맞춰 행동하고 타인에게도 책임감 있는 모습을 보인다. 마지막으로 현실을 있는 그대로 수용하고 인생에서 우선순위를 설정할 수 있다.

이제 알렉사의 정신 발달 단계는 독자적인 견해를 구축하고 주장할 정도로 성장했다.

 1990 알렉사는 직업 학교에서 소매업 과목을 선택해 본격적으로 공부를 시작했다. 무엇보다 배우려는 의지가 확고한 알렉사는 누구보다 잘 해내고 싶었다. 알렉사는 교내에서 두각을 나타날 정도로 열심히 노력했고 현장 실습을 나간 상점에서는 처음으로 응대한 고객이 바지를 두 벌이나 구매했다. 고객에게 필요한 조언을 훌륭히 해낸 알렉사는 자신이 너무 대견스러워 행복했다.

 현재 루이스는 직업 학교에서 소매업 과목을 선택해 본격적으로 공부를 시작했다. 하지만 계속 학교에 가야 하는 것이 마음에 들지 않아 하루라도 빨리 끝나기만을 바랐다. 루이스는 현장

실습을 나간 상점에서 처음으로 고객을 응대할 때 다소 긴장했다. 그때 갑자기 휴대폰이 울렸다. 루이스는 무슨 상황인지 어리둥절해하는 고객을 기다리게 하고는 전화를 받으러 나가버렸다.

일반적인 정신 발달 과정을 거친 고등학교 입학 무렵의 청소년들은 자신의 한계를 확장하려는 노력을 통해 홀로 서는 단계에 이른다. 이제 자신의 세계상에서 스스로 결정하는 당사자가 되어 목표를 세우고 계획한 길을 간다. 자신의 정체성을 확립해나감과 동시에 부모와 교사를 통한 타율성은 서서히 사라진다. 물론 인생을 사는 동안 종종 타인의 영향을 받기도 하겠지만, 이제는 자신의 경험과 생각이 판단의 중심이 된다.

물론 아이들은 청소년기 이후로도 계속해서 성장할 것이다. 앞으로도 괄목할 만한 성장이 아이를 기다리고 있을 것이다. 예컨대 취업시장에 뛰어들어 직장인이 되는 건 방학때 잠깐 경험하는 인턴과는 판이하게 다르다. 동료 및 상사와 원만한 관계를 유지해야 하고 성과도 뚜렷해야 한다. 특히 그다음 단계의 도약은 자신의 세계상을 확장하는 데 아주 중요하다. 그건 바로 가족을 꾸리는 일이다. 그러나 가족을 꾸리는 일은 알렉사가 어릴 때부터 청소년이 될 때까지 이룬 정서적·사회적 측면의 정신 수준을 바탕으로 진행된다.

1990년대 초까지는 거의 모든 아이들이 알렉사처럼 차근차근 잘 성장했다. 유치원, 초등학교와 중학교, 고등학교에 이르기까지 각각의 나이와 교육 환경에 맞추어 정신 발달 수준도 적절히 따라 올라갔다. 그러나 오늘날에는 이런 정신 발달을 기본 전제로 삼지 않는다. 상당수의 아이들은 거침없이 문제 행동을 일삼는다. 이 아이들은 어른을 보고 배우며 따르지 않고, 동급생들을 따돌리고, 좌절감을 견디지 못한다.

문제 행동을 보이는 아이를 앞에 두고 상담을 진행할 때 정신 발달 수준을 한눈에 가늠하기란 쉽지 않다. 아이들의 정신 발달 수준을 직접적으로 확인할 수 있는 테스트는 아직 존재하지 않기 때문이다. 이런 아이들에게 사람을 그리게 하면 아이는 쉽게 시작하지 못한다. 정신 발달이 제대로 이뤄지지 못한 열두 살 아이는 머리·몸·팔·다리가 있는 일반적인 형태를 갖춘 사람을 그리는 대신 흡사 오징어 같은 모습으로 표현했다. 아이의 정신 발달 상태를 가늠해볼 수 있는 유일한 방법은 행동을 관찰하고 세상을 인지하고 해석하는 방식을 종합 평가하는 것이다. 세계상이 그 사람의 정신 수준을 그대로 반영하기 때문이다. 그럼으로써 우리는 아이의 실제 정신 발달 나이를 확인할 수 있다.

그러나 부모는 아이와 다르다. 공생에 빠진 부모들은 자식과의 관계에서 잘못된 사고방식으로 전환하면서 정서적·사회적 측면에 걸맞은 정신 발달 수준을 잠시 잃어버렸고, 그로 말미암아 아이에 대한 올바른 직관마저 상실했다(그러나 그 밖에 성인 대 성인으로 이루어지는 대인 관계에서는 직관을 제대로 발휘하고 그에 부합된 행동을 한다). 공생 관계에 빠져든 부모는 이제 아이가 보이는 행동에 대해 제대로 된 해석도, 분류도, 반응도 하기 힘든 상태에 처한다.

1990 다섯 살 알렉사가 놀이터에서 넘어진다. 알렉사는 꽤 큰 소리로 비명을 질렀지만 아빠는 그렇게 심각하지 않다는 걸 곧바로 알아차린다. 아빠는 아이에게서 시선을 돌려 계속 책을 읽는다. 하지만 알렉사가 계속 비명을 지르는 탓에 읽던 책을 옆에 내려놓고 곁에 다가가서 알렉사의 무릎을 살펴보며 약간 언짢은 목소리로 말한다.

"알렉사, 이제 뚝 하자! 왜 이렇게 엄살을 부리니?"

그제야 알렉사는 코를 몇 번 더 훌쩍이더니 미끄럼틀을 향해

달린다. 알렉사는 그해 여름 몇 차례 더 엄살을 부렸다. 그렇지만 그럴 때마다 언짢아하는 부모의 반응을 보고는 엄살 부리는 행동을 멈췄다.

현재 다섯 살 루이스가 놀이터에서 넘어졌다. 루이스는 꽤 큰 소리로 비명을 질렀고 아빠는 비명을 듣자마자 달려와 아이의 무릎을 살핀다. 그 후 아빠는 10여 분 가까이 진정하지 못하고 훌쩍이며 우는 아이를 품에 안고 계속 달랜다.

"지난주에 자전거에서 넘어져서 다쳤던 곳이 아픈가 보구나. 그게 트라우마가 된 게 분명해."

루이스가 또 넘어지는 모습을 차마 볼 수 없었던 아빠는 아예 미끄럼틀 옆으로 와서 불상사가 생기지 않도록 지켜본다. 이후에는 직접 모래 놀이터에 앉아 보조 역할까지 자청한다. 루이스는 아주 멋진 성이 완성되는 모습을 보며 매우 만족했지만 이런 방식으로는 분명 앞으로 루이스 혼자 모래성을 완성할 수 없을 것이다.

1990년대에 어린 시절을 보낸 루이스 아빠의 인격은 분명 온전하게 성장한 상태다. 그런데도 왜 이런 반응을 보일까? 직관은 분명 있지만 그것을 제대로 소환하지 못하기 때문이다. 공생은 이성적인 사고를 불가능하게 만든다. 직관에 따라 본능적으로 행동하는 것이 아니다 보니 아들과 함께하는 시간은 아빠에게 꽤나 힘든 시간일 것이다. 아빠는 아들과 공생하며 뒤를 쫓아다니고 생각하고 느끼기 때문에 무척이나 무리할 수밖에 없다. 동시에 신체의 인지 체계를 활용해 루이스와의 관계를 이성적으로 접근하려고 시도했다. 아빠는 매사에 구태여 아이의 행동을 뒷받침하는 이유를 찾는다. 루이스에게 무엇을 해줘야 할지, 필요한 것은 무엇인지 직관적으로 파악하지 못하다 보니 참고하기 위해 사 모은 육아서만 해도 10여 권이 훌쩍 넘는다. 그럼에도 넘어진 아이를 일으켜 세워야 할지 말지 도저히 머리로는 판단이 서지 않았다. 아이를 대하는 법은 육아서만으로 배울 수 없다.

지난 200년 동안 서양 문화권의 아이들에게는 제각각의 어린 시절이 있었다. 전쟁이나 기아, 권위적인 교육 방식도 이런 서양의 문화를 바꾸지 못했다. 때로는 억압된 시기도 있었고 때로는 천국과 같은 환경이 허락되기도 했다. 그러나 아이의 정신 발달 과정은 시대를 막론하고 언제나 동일했다. 출생 후 부모의 '완벽한 보살핌'을 절대적으로 필요로

하는 생후 몇 달간의 시기를 보내고 나면 단순한 보살핌 이상이 필요한 단계가 시작된다. 이것을 통해 정서적·사회적 정신 발달이 이뤄지기 때문에 아이가 제 나이에 맞게 성장하고 보호받고 아직 준비되지 않은 상태로 결정하지 않아도 되는 안전한 공간이 필요하다. 걱정 없는 생활, 자유, 보살핌과 관련하여 루이스가 이런 요건을 제대로 보장받지 못하고 있다는 점은 앞에서 충분히 증명했다. 지금의 부모들은 아이를 흡사 작은 어른처럼 대한다. 동시에 부모는 아이들 곁에서 보고 배울 수 있는 대상의 역할을 제대로 수행하지 못하며 오히려 무의식적으로 자식의 정신 수준을 유아에 묶어버리는 데 일조한다. 게다가 유치원과 학교에서도 아이들을 작은 어른으로 대한다.

어른들이 아이들을 이리저리 잡아당기며 미치는 영향력은 실로 믿기 힘들 정도다. 몸은 일곱 살이지만 정신은 유아에 불과한 아이들은 쉬는 시간에 학교 운동장에서는 소란을 피우지 않는다는 책임감을 감당해야 한다. 어른들은 문제 행동을 보이는 아이에게 보호 차원으로 노란 모자를 씌웠다. 그리고 정신 수준이 유아인 아이들에게 어른들은 부모가 이혼하면 누구와 살 것인지 결정하라고 강요했다.

공생 관계에 빠진 부모는 자신의 행동이 전부 옳다고 확신한다. 그들 역시 자식에게 어린 시절의 좋은 추억을 선사하고, 아이의 정신 성장에 필요한 모든 걸 제공하려고 노력한다. 그러나 이런 취지와 정확히 반대되는 효과가 일어난다. 정신 발달이 올바르게 진행되는 것이 아니라 늘 예민하고, 무엇에도 흥미를 느끼지 못하고, 비사교적인 상태가 된다.

이렇게 확연한 사실조차 제대로 보지 못하게 만들어 모두를 곤경에 빠트리는 이 믿어지지 않는 힘은 도대체 무엇일까?

심층 심리학 측면에서 바라본 정신 발달

연령	인지
출생	자신을 둘러싼 세상이 존재함을 깨닫는다.
유아	편안함과 불편함의 차이를 깨닫는다.
기고 걷는 나이	공간을 탐험하고 발견한다. 공간 지각이 시작된다.
생후 10~16개월 이후	사람과 사물을 구분한다. 사람은 사물과 달리 마음대로 조종할 수 없다는 것과 말과 행동 등의 상호작용이 일어난다는 것을 깨닫는다.
생후 20개월 이후	낯익은 사람과 낯선 사람을 구분한다. 낯선 환경에 처하면 부모의 보호를 기대한다.
만 2세	자신보다 크고 강한 사람이 존재함을 깨닫는다.
만 3세	자아상이 형성되고 부모나 선생님처럼 자신과 밀접하게 관련된 인물을 구분한다. 서서히 성향이 드러나고 주변 상황에 반응해 자신의 의사를 전달하기 시작한다.
만 4세	체계, 과정, 규칙을 깨닫기 시작하고 대인 관계 능력이 확장된다.
만 5세	호불호를 표현하고 시시비비를 가릴 줄 알게 된다. 정해진 체계 속에서 안정감을 느낀다.
만 6세	읽고, 쓰고, 계산하는 방법 등 기초 지식에 적극적인 관심을 보이며 배우려 한다. 어른을 거울 삼아 배우고 따른다. 유치원 등 교육 기관에 있을 때 수업 시간과 쉬는 시간의 행동이 달라진다.
만 8세	사회의 구성원 간의 연관성에 관심을 보인다.

연령	인지
만 10세	독립적인 사고가 확장되기 시작한다. 자연과학, 역사, 외국어 등 전문 지식에 관심을 보이기 시작한다.
만 11~12세	또래와의 우정이 깊어진다. 놀이보다 타인에 대한 관심이 앞서기 시작한다.
만 14세	타인에게도 약점이 있음을 깨닫는다. 이 세상은 오류로 가득하다고 생각한다. 지금까지 절대적인 영향력을 발휘하고 방향성을 제시하던 것들의 효력이 점차 사라진다.
만 15세	부모에 대한 환상이 깨지기 시작하며 여러 의문을 갖게 된다. 하나의 인격체로서 자신만의 생각과 기준을 갖게 된다. 비밀이 늘어나기 시작하고 타인에게 마음을 함부로 드러내지 않는다.
만 16세 이후	정신 발달이 완성된다. 내면을 돌아보고 검증하며 자신의 단점을 파악한다. 미래를 바라보는 사고가 확장되면서 앞으로 어떻게 살고 싶은지, 무엇이 되고 싶은지 깊이 고민하기 시작한다. 진로를 위해 구체적으로 준비하기 시작한다.

8 스마트폰을 끄고
아이의 눈을 바라보자

육아란 시간도 평정심도 그리고 인내심도 아주 많이 필요
로 한다. 그래야만 침착하게 아이를 마주하고 올바른 결정
을 내리며 부모의 책임을 다할 수 있다. 항상 평정심을 유지
하고 스트레스에 덜 노출될수록 직관에 따라 아이를 지도
하고 이끌어줄 수 있다. 그럼으로써 아이를 독립적이고 굳
건하며 사교적인 성인으로 키우는 데 성공하는 것은 물론
근심 걱정 없는 아이들의 유년시절이 가능해진다. 그러나
안타깝게도 현실은 그렇지 못했다.

현재 생후 30개월인 루이스의 엄마는 눈을 뜰 때부터 몸이
납덩이마냥 무겁기만 하다. 조금만 더 자고 싶은 마음이 굴뚝같

지만, 좀 더 쉬기로 결정했을 때 치러야 할 대가를 생각하니 끔찍하다. 루이스와 함께하는 아침은 분 단위로 쪼개 써야 하기 때문이다. 여전히 반쯤 잠든 상태인 루이스를 일으켜 대충 옷을 입힌 뒤 서둘러 부엌으로 가 아침을 준비한다. 루이스가 아침마다 벌어지는 고난의 행군에 적극적으로 동참하지 않으면 짜증이 올라왔고 급기야는 화를 내곤 했다. 서둘러 준비를 마치고 어린이집으로 향한다. 어린이집에 도착해 현관에서 루이스의 옷과 신발을 벗기고 실내화로 갈아 신게 한 뒤 인사를 건네면 마침내 아이는 커다란 놀이방으로 사라진다.

정말 분주한 아침이다. 느긋하게 어슬렁대기, 여가 생활, 내적 여유 등은 루이스의 엄마에게는 다른 나라 얘기다. 하루를 시작하는 순간부터 빠른 걸음으로 움직이는 것이 익숙해져버린 루이스의 엄마는 다른 것에 신경쓸 여유가 없다. 루이스의 엄마가 타임머신을 타고 1990년으로 갈 수 있다면 일목요연하고 차분한 부모와 아이의 일상을 보며 깜짝 놀랄 것이다.

당시만 해도 가족 모두에게 저마다의 휴식 시간과 개인 시간이 주어졌다. 모두가 함께 모여 여러 가지 보드게임을 하는 시간은 하루 일과의 하이라이트였다. 저녁이 되면 다음 날 필요한 학교 준비물을 가방에 챙기고 옷을 미리 골라 놓는 것도 학생이 해야 할 당연한 일과였다. 알렉사는 이런 반복적인 일상을 통해 안정감을 느꼈다. 부모는 부모대로 틈틈이 휴식을 취하며 직관대로 행동했다. 아이를 돌보면서도 아이에게 휘둘리지 않았다. 이런 환경에서 자란 알렉사는 차분하고 침착하게 성장했다.

알렉사의 아빠는 아침마다 눈을 뜨고도 잠이 깰 때까지 5분씩 침대에 누워 있곤 한다. 그런 다음 30개월 된 알렉사를 깨워 잠시 안아주고 옷을 입는 걸 도와준다. 아침 식사 시간에도 아빠는 알렉사가 음식을 너무 많이 떨어트리지 않고 숟가락질을 잘 하는지 유심히 관찰한다. 아빠와 알렉사 모두 이런 성장 과정을 즐긴다. 8시경 어린이집이 시작하고 알렉사는 선생님을 따라 다람쥐 반으로 들어가기 전에 다시 달려와 아빠를 안아준다.

절대로 과거를 그리워하고 추억하려는 의도는 없다. 그런데도 굳이 루이스 엄마와 알렉사 아빠의 일상을 비교한 건 지금의 일상이 믿을 수 없을 정도로 난리 법석이기 때문이다. 알렉사 아빠의 모습은 여유로우면서도 아늑한 인상을 준다. 흡사 슬로우 모션으로 흘러가는 것처럼 보일 정도다. 그러나 루이스 엄마는 정확히 그 반대로 바삐 움직였고, 흡사 몇 배속으로 빠르게 재생한 코미디 영화 같다.

루이스는 소란스럽고 안절부절못하는 분위기 속에서 지낸다. 부모는 깨어난 순간부터 이미 예민한 상태였다. 따라서 루이스는 뭐든지 시키는 대로 빨리 해야만 했다. 잠이 덜 깬 상태로 늑장부리면 혼나기 일쑤다. 저녁 식사는 상황에 따라 오후 6시일 때도 오후 8시 30분일 때도 있었다. 루이스네 가정에는 반복되는 고정적인 일정이 없었다.

현재 루이스의 부모는 잠에서 깨어나 정신을 차리기도 전에 심리적인 압박에 시달린다. 마치 납으로 만든 이불을 덮고 있는 것처럼 해야 할 일들이 짓누른다. 한 가지 일을 처리하면 곧바로 다음 일로 넘어가며 온종일 바쁘게 움직여야 한다. 늘 할 일이 산더미처럼 쌓여 있는 루이스의 부모는 항상 서둘렀고 그만큼 예민했다.

1990년과 현재 사이에는 단순히 30여 년이라는 시간뿐 아니라 세상 자체가 완전히 달라졌다. 1990년의 생활은 지금과 딴판이었고, 삶의 질 자체가 달랐다는 걸 다들 잊어버린 것 같다. 시끌벅적한 소란과 끊임없이 옆길로 빠지는 행동들로 가득한 일상은 언제부터인지 당연한 것이 되어버렸다. 이런 환경에서 지내는 루이스는 무슨 생각을 할까? 부모가 이끄는 대로 정신없이 바쁘게 돌아가는 생활은 아이들에게 어떤 영향을 줄까?

스마트폰의 덫에 빠지다

한 여론 조사 기관에서 만 18세 이상의 운전자 대상으로 조사한 바에 따르면 운전자의 44%는 운전 중에 핸즈프리 기기를 사용하지 않고 직접 스마트폰으로 통화를 하고 있었다. 문자 메시지 혹은 메신저 앱을 사용해 메시지를 발송한다는 비율은 31%에 달했고, 도착한 메시지를 읽는다는 비율은 무려 51%에 달했다. 운전자의 17%는 운전대를 잡은 채로 인터넷 서핑을 하고 있었고 동영상을 시청한다는 비율도 8%로 조사되었다. 이렇게 하나에 온전히 집중하지 못하는 부모의 모습은 아이들에게도 그대로 전달된다. 아이들과 대화를 하던 중에도 불쑥 스마트폰을 꺼내 통화를 해 아이와의 대화는 뒷전으로 밀리기 일쑤다.

요즘은 모든 식구가 함께 식사를 하는 경우가 매우 드물어졌다. 배고프면 각자 알아서 찾아 먹곤 한다. TV를 시청하며 소파에서 간단하게 때우는 경우가 대다수다. 온 가족이 식탁에 둘러앉더라도 각자 휴대폰만 만지작거린다. 영국에서 시행한 조사[1]를 통해 다음과 같은 결과를 확인할 수 있었다. "가족이 함께 모인 자리에서 여러분과 식구들이 동시에 휴대폰 혹은 스마트폰을 사용하는 일이 있습니까?"라는 질문에 49%가 그렇다고 답변했다. 한 술 더 떠서 부모의 12%는 '자주 있는 일'이라고 답변했다. 이런 환경에서 자란 아이는 의사소통 채널을 디지털 형식으로만 받아들일 수밖에 없다. 부모들은 짧은 휴식 시간마저도 스마트폰 혹은 컴퓨터로 인터넷에 접속하곤 한다. 밤낮 가릴 것 없이 언제나 직장 동료, 친구와 SNS로 소식을 주고받으며 새로운 뉴스나 소식이 올라올 때마다 곧바로 확인한다. 그만큼 아이들에게 신경 쓰고 집중해야 할 시간이 상대적으로 줄어든다. 부모는 아이가 얌전히 있지 않고 소란을 피우면 굳이 화내고 싶지 않아 그냥 아이 손에 스마트폰을 쥐여주고 만다.

주말 같은 때에는 여가 시간을 보낼 다양한 선택지가 주어진다. 루이스의 부모는 여가 시간에도 최대한 생산적으로 바쁘게 보내고 싶어 한다. 사람이라면 누구나 휴식과 여유가 필요하다는 사실과 방법도 잊어버린 것 같다. 이렇게 되면 루이스도 주말조차 집에서 도저히 쉴 수 없다. 루이스는 부모를 따라 여기저기 끌려다닌다. 아이와 상관없는 일이라도 말이다. 루이스가 마땅히 할 수 있는 활동이 없을 때는 온종일 스마트폰으로 애니메이션을 봤지만, 점점 지루해졌고 기분도 가라앉았다.

루이스의 부모는 항상 기진맥진할 정도로 힘들고 바쁘기 때문에 오롯이 아이에게만 집중하는 기회를 만들기 힘들다. 그런데 2016년 《디 차이트》 온라인에 소개된 독일 통계청의 조사 자료에 따르면 현재 부모들은 10년 전보다 아이와 더 많은 시간을 보내는 것으로 나타났다(엄마의 경우 하루 평균 1시간 45분, 아빠의 경우 하루 평균 41분). 이 지표를 도대체 어떻게 해석해야 할까? 통계 자료를 자세히 분석해보니 '함께 보내는 시간'의 약 4분의 1은 아이가 다양한 활동을 할 동안 부모가 차 안에서 기다린다거나, 아이가 운동을 하는 모습을 부모가 구경하고 함께 이동하는 시간 등으로 채워져 있었다. 따라서 진정한 의미에서 함께한 시간이라고 볼 수 없다. 아이와 함께 하는 보드게임이나 밤에 규칙적으로 아이에게 책을 읽어주는 것처럼 부모와 아이가 휴대폰 등의 방해 요소 없이 오롯이 보내는 시간이 얼마나 되는지 조사한다면 정말 흥미로울 것이다. 그러나 이런 기준으로 생각해보면 현재 상황은 그다지 좋아 보이지 않는다. 다른 조사에 따르면 아이들이 잠들기 전 책을 읽어주는 부모는 전체의 3분의 1 정도밖에 되지 않았다.[2]

내 기억에 따르면 2005년쯤부터 병원의 예약 관리 시스템이 제대로 작동하지 않았다. 그건 두 가지 이유에서였다. 첫째, 예약한 시간을 어기고 약속하지 않은 시간에 불쑥 나타나는 경우가 늘어났기 때문이다. 부모에게 기존 예약을 미리 취소하지 않은 이유를 되물으면 어김없이 "어머, 깜박 잊어버렸어요!"라고 답하곤 했다. 누구나 깜박하고 약속을 잊어버릴 수도 있다. 그러나 이런 사건이 자주 반복된다는 것은 어른들의 하루가 버거울 정도로 정신없이 돌아간다는 걸 반증한다. 이런 식으로는 상담실 운영에도 차질이 발생하다 보니 그때부터 상담실 직원이 예약 전날 전화로 방문 여부를 확인할 수밖에 없었다. 두 번째 이유는 부모가 아이와 함께 방문할 수 있는 시간을 만드는 것 자체가 힘들어졌기 때문이다. 부모들은 항상 "바쁘다, 바빠"라는 말을 끊임없이 했다. 그러다 보면 적당한 시간대를 찾기 위해 몇 주심지어 몇 달 후로 예약을 넘길 수밖에 없었다.

이처럼 부모가 아이를 위해 시간을 내는 것이 점점 힘들어지고 있다. 아이들에게는 부모와 함께 보내는 시간이 충분히 필요함에도 불구하고 순식간에 시간과 에너지를 앗아가는 불청객이 도사리고 있다. 오늘날 우리의 삶이 이렇게까지 요란해진 주된 원인은 일상에 깊이 침투한 디지털 미디어다. 스마트폰이나 컴퓨터는 부모가 아이들에게 채워줘야 할 애정을 대신하고 있다. 게다가 아이들은 디지털 미디어를 통해 준말과 신조어를 무분별하게 흡수한다. 그럼에도 디지털화를 문제의 근원으로 지목하는 목소리가 제대로 인정받지 못하는 것이 현실이다. 이 문제가 우리의 삶과 복잡하게 얽히고설켜 있기 때문이다. 디지털 기기 중에서도 특히 사용 빈도가 단연코 높은 스마트폰에 관한 몇 가지 지표를 살펴보자.

1996년, 인터넷 사용이 가능한 첫 번째 휴대폰인 노키아 커뮤니케이터가 시장에 처음 선보였다. 출시 당시 이 제품에 대한 반응은 선풍적이었다. 문자 메시지는 물론이고 이메일, 팩스를 주고받을 수 있는 휴대폰이라니! 400그램이라는 무게에 2700마르크(유로화 도입 이전의 독일 화폐 단위. 현재 가치로 환산하면 대략 330만 원 정도.-옮긴이)라는 엄청난 가격은 이 기기의 명성과 인기에 한몫을 했다. 그로부터 11년 후인 2007년, 애플에서 출시한 아이폰은 개인의 사생활에 일대 혁명을 일으켰다. 이 변화는 걷잡을 수 없이 빠르게 진행됐다. 2010년에는 독일 성인의 36%만 스마트폰을 사용했지만, 2016년에는 그 수치가 무려 81%로 급증했다.

이런 기술의 진보와 그로 인한 사회 변화는 분명 축복이다. 다른 한편으로는 이 과정에서 디지털 기기의 건강한 사용법을 제대로 배우지 못한 사람들도 부지기수였다. 스마트폰을 사용하는 대다수의 사람들은 잠시라도 스마트폰을 몸에서 떼어 놓으려 하지 않는다. 심지어 잠을 잘 때에도 손이 잘 닿는 곳에 둔다. 히말라야 산맥에서 일출을 맞이하는 기회를 잡았을 때도, 스페인 순례자의 길 끝에 있는 산티아고 데 콤포스텔라 대성당에서 일몰을 감상하게 되더라도 온몸으로 그 순간을 즐기는 대신 연신 스마트폰으로 사진을 찍느라 바쁘다. 이렇게 보면 디지털 기기와 미디어에 종속된 문화가 계속될 것이라는 전망이 이해된다. 그런데 이상하게도 어린이와 청소년에게 미칠 영향은 깊이 논의되지 않고 있다. 아이들에게 나쁜 본보기를 보이는 것도, 무관심 속에 아이들이 온라인에서 시간을 허비하는 것을 허용하는 것도 어른들이다.

한 조사에 따르면 전체 응답자의 38% 정도만 스마트폰 없는 생활이 가능하다고 답했다. 전체 응답자의 42%는 잠잘 때도 스마트폰을 놓지 못했고, 33%는 잠에서 완전히 깨기 전에 스마트폰부터 찾았다. 내가 여기서 언급하는 수치에 어린이 및 청소년은 빠져 있다. 어른들의 디지털 기기 사용과 미디어 소비가 이미 과도한 수준이지만 부차적인 문제로 치부해버린다. 어른들이 이렇게까지 스마트폰이나 컴퓨터 같은 디지털 기기에 중독되지 않았더라면 분명 우리 아이들 또한 디지털 기기와 미디어에 이처럼 심각하게 노출되지 않았을 것이다.

2014년 영국에서 시행한 스마트폰 사용 실태 조사 결과를 보면 응답자들은 일평균 221회 사용하는 것으로 나타났다.[3] 메시지를 주고받고, 쇼핑을 하고, 게임을 즐기며, 오늘의 날씨를 검색하거나, 유명인의 근황을 살피고, 세계 동향 등 뉴스를 검색하는 데 사용한다. 여기에 일평균 컴퓨터 사용 빈도 140회를 추가해야 한다. 이 외에도 운동량·칼로리·맥박 등을 기록하는 스마트 밴드 등은 애초에 조사 대상에 들어 있지 않았다는 점을 감안해야 한다.

미국에서는 94명을 대상으로 5일 동안 24시간 내내 얼마나 스마트폰의 화면을 만지는지 조사했다.[4] 잠금을 풀거나 문자를 작성하는 등 사소한 행동도 모두 기록했다. 그 결과 일평균 2617회 스마트폰 화면을 만지는 것으로 나타났다. 가장 높은 기록은 무려 5427회였다. 사용 시간은 일평균 145분으로 2시간 반 정도였다. 시간을 확인하고 음악을 감상할 때 단순 조작을 하는 등 잠금 상태에서도 다양한 활용이 가능하다는 것을 감안하면 실제 사용 시간은 훨씬 늘어날 것이다.

최근에는 스마트폰 사용량 통계를 확인하는 기능이 제공되기도 하니 가능하다면 여러분은 어떤지 대략적이라도 돌아보기 바란다. 결과를 보면 다소 충격을 받을 수도 있겠지만 분명 약이 될 것이다.

그렇다면 루이스는 이런 부모의 모습을 어떻게 생각하고 있을까? 2015년 6월, 한 안티 바이러스 프로그램 공급사에서 9개국의 부모와 8~13세 자녀들에게 스마트폰 사용 습관에 대해 설문 조사를 시행했다.[5] 아이들의 54%는 부모가 자주 스마트폰을 사용한다고 응답했으며, 부모가 자신과 대화를 나눌 때도 스마트폰에 신경을 쓴다고 불평한 아이들도 36%나 되었다. 아이들의 32%는 스마트폰에만 몰두한 부모를 볼 때 무시당한다는 느낌을 받았다고 답했다.

부모들도 이런 점을 인식하고 있었다는 것이 더 큰 문제다. 부모의 52%는 자신의 스마트폰 의존도가 지나치다는데 동의했고 28%는 아이에게 좋은 본보기가 되지 않는다는 걸 시인했다. 이런 자각에도 불구하고 어른들의 과도한 디지털 기기 사용은 개선될 여지가 보이지 않는다. 스마트폰은 아이들에게서 부모를 빼앗았다.

어른들이 자신의 행동에서 잘못된 점을 발견하지 못하는 이유는 인간의 심리적 특성 탓이다. 올바른 정신 발달 과정을 거치며 성장했더라도 자신에게 좋고 그른 걸 제대로 판단하지 못한다. 번아웃 상태에 빠지는 것도 이 때문이다. 조감도를 보듯 자신의 정신을 바라볼 수 있다면 금방 알아차렸을 것이다. 그러나 이렇게 한 걸음 뒤로 물러서서 객관적인 시선으로 자신을 바라보는 일은 좀처럼 쉽지 않다. 정신은 힘들고 지치더라도 현실을 외면하도록 우리의 눈을 살며시 가려버린다.

그렇지만 이렇게 지쳐버린 정신을 위한 탈출구가 전혀 없는 것은 아니다. 바로 보상이다. 다시 말해, 힘들고 버거운 압박을 이겨내기 위해 뭔가 다른 것에 눈을 돌리는 것이다. 강도 높은 취미 생활에서 보상을 찾을 수도 있다. 때로는 무절제한 식욕, 쇼핑 중독이 잠시라도 근심 걱정 없는 순간을 위해 절실해진다. 급격히 불어난 체중과 가벼워진 지갑에 대한 걱정은 나중 문제다. 심한 압박에 시달리면 긍정적인 감정을 선물하는 반려동물에게 맹목적인 사랑을 쏟아붓기도 한다. 그렇지만 이 모든 것을 뛰어넘는 가장 큰 보상이 있다. 바로 아이들이다.

어른들은 자신조차도 스마트폰과 미디어를 끊어내지 못하면서 아이들만큼은 그만둬야 한다고 생각한다. 이런 부모의 행동은 무의식에 따른 것으로 그것이 아이들을 위한 최선이라는 신념에서 비롯된 것이다. 디지털 혁명이 진행됨에 따라 점점 지쳐가던 부모들은 자신의 역할을 아이들에게 조금씩 전가했고, 결국 건강하지 못한 관계가 점차 늘어나게 되었다. 그 결과 동반자, 투사, 공생 현상이 나타났고 이윽고 정신 성장 수준이 퇴행하는 모습까지 나타났다.

1990년대 중후반 무렵부터 아이들이 알아서 해주기를 바라는 마음에서 시작된 동반자 관계가 보상의 형태로 등장한 이후 아이들을 향한 부모의 요구는 갈수록 버거워졌다. 2000년 무렵부터 투사 사례가 점점 많아졌고 2003년부터는 공생 관계에 빠진 부모의 수가 갈수록 증가했다. 내가 관찰한 바로는 이제 공생 관계가 가장 보편적이고 빈도수가 높은 대인 관계 장애 요인으로 등극했다.

동반자 관계

1995년 이전에도 휴대폰과 이메일을 사용했지만 거의 사무 용도로만 쓰였다. 1995년 무렵부터 디지털 커뮤니케이션은 개인의 사생활에 침투하기 시작했다. 신속하고 간편한 정보 교환, 즉흥적인 약속 등 멋진 가능성으로 가득한 신세계가 열린 것이다. 동시에 엄청난 소란이 삶으로 흘러들어 왔다. 휴대폰으로 도착한 메시지와 새 메일을 확인하기 위해 실제 사용된 시간은 그리 길지 않았다. 다만, 언제 어디에서 갑자기 벨소리가 울리면서 중요한 소식이 도착할지도 모른다는 생각에 사로잡혀버렸다. 예전보다 쉽게 약속을 취소할 수 있게 되면서 훨씬 융통성 있는 태도 또한 요구되었다. 그렇게 삶에서 평온과 침착함은 사라졌다.

어른들은 이런 디지털 혁명에 금세 익숙해졌고 갈수록 더 깊이 빠져들었다. 이런 상황에서 부모의 정신은 무의식적으로 다음과 같은 보상을 준비했다. 부모들은 아이들을 함께 협력하고 동반할 대상으로 간주했다. 이렇게 되면서 부모는 엄청난 시간과 노력을 투자해 아이들 곁에서 끊임없이 나아가야 할 방향을 제시할 필요를 느끼지 않게 되었다. 아이를 아이로 대하지 않고 작은 어른으로 바라보며 향후 생길 결과를 직시하지 못한 채 스스로 책임질 줄 알고 필요한 건 스스로 터득하는 독립적인 아이가 되라고 강조했다. 아이에게 진짜 필요한 것이 무엇인지 제대로 직시하지 못하는 순간 의도하지는 않았더라도 아이의 어린 시절은 사라져버린다.

1990 네 살 알렉사는 현관 앞 계단에 앉아 신발 끈을 묶기 위해 낑낑대고 있다. 이 못된 신발은 어떻게 해도 묶이지 않는다. 알렉사 엄마는 인내심을 가지고 아이 곁에서 그 모습을 바라본다. 알렉사는 족히 100번은 시도한 것 같다. 그리고 느슨해서 곧 풀릴 것처럼 보이긴 했지만 마침내 매듭을 완성한다. 순간적으로 엄마는 알렉사에게 필요한 건 바로 성취감이라는 걸 파악한다. 알렉사 엄마는 함박웃음을 지으며 알렉사를 칭찬한다.

현재 네 살 루이스는 대문 앞에 서서 외투의 지퍼를 잡고 낑낑대고 있다. 이 못된 외투는 도무지 말을 듣지 않는다. 외출하기도 전에 벌써 지쳐버린 루이스의 엄마는 잔뜩 짜증 난 목소리로 소리를 지르고 만다.

"늑장부리지 마! 어서 가자, 루이스."

여전히 지퍼는 루이스 마음대로 움직이지 않는다. 루이스의 엄마는 아이가 자신을 화나게 하려고 일부러 그랬다는 생각에 거칠게 잡아당긴다. 그리고 한숨을 쉬며 아이 앞에 앉아 외투를 입힌다. 집에서 나온 두 사람 모두 기분이 엉망이다.

부모의 눈높이에서 아이를 동반자로 바라보는 건 무리한 행동이다. 앞에서도 여러 번 반복해서 설명했듯 아이가 어떻게 해도 부모의 기대를 완전히 충족시키기 힘들다. 따라서 그에 대한 보상 심리가 부분적으로 작동한다. 부모가 디지털 기기를 사용하는 시간이 늘어나면서 가정의 불화는 커져만 갔다. 이건 가족 모두에게 더 큰 분란이 올 것을 시사하는 것이었다.

이런 동반자 관계는 아이의 정신 발달 측면에도 영향을 미친다. 모든 아이들은 4~5세까지 오이디푸스 콤플렉스 과정을 겪는다. 이 시기 아이는 이성 부모를 보며 동반자 위치에 선 자신을 상상한다. 상황에 따라 아이들은 우월감 혹은 두려움을 느낀다. 이건 매우 정상적인 과정이다. 그렇지만 부모도 아이를 동반자처럼 대하면서 이 과정에 불을 지핀다면 이야기가 달라진다. 그렇게 되면 아이들은 어른의 생활에서 느끼는 감정에 빠져든다. 그 순간 아이들의 세계는 4~5세 수준에 멈춰버리고 이 정신 발달 단계에서 한 걸음도 벗어나지 못한다.

이런 과정에서 아이는 본인의 가치를 제대로 인정받는다고 느끼는 한편 자신에게 힘이 생겼다고 생각하면서도 부모의 파트너가 되었다는 부담도 가진다. 결국 아이와 어른의 역할 사이에서 상반된 행동 방식을 보인다. 때로는 과할 정도로 야심 찬 모습을 보여주기도 하고 최악의 경우 번아웃에 빠진 모습을 연기하기도 한다. 다른 한편으로는 스스로 아직 어리고 모자라다고 인식하기 때문에 최대한 도전을 회피하고 누군가의 시험에 두려움을 느끼는 것일 수도 있다. 대인 관계에서도 이런 아이는 극단적인 입장에 놓인다. 아이들은 누군가를 지배하거나 지배당하면서 순식간에 따돌림 당하는 기분에 휩싸인다. 이런 흑백논리는 일상에서 접하는 마찰에 대처하는 자세에도 그대로 적용된다. 루이스는 자신의 현실적인 부분은 조금도 보지 못한다. 항상 실수는 남의 탓이고, 타인에게서 잘못된 원인을 찾으려 한다.

투사

세기가 바뀌던 그 시절 인터넷은 가정에서도 확고한 입지를 굳혔다. 독일 출신의 유명 테니스 선수인 보리스 베커는 1999년 이후 습관처럼 이렇게 반문하곤 했다.

"뭐야, 이미 내 소식이 거기에 올라간 거야?"

예전에는 휴대폰으로 통화를 하고 메일을 쓰거나 문자 메시지를 보내는 데 그쳤다면 지금은 세상 전체가 하나의 네트워크로 촘촘히 연결되어 상상을 초월하는 수준으로 정보가 넘쳐흐른다. 그러나 여기에도 걸림돌은 있다. 우리 인간은 제한된 영역 안에서 사고하는 것에 익숙하다. 우리 뇌는 한계와 좌우·상하 혹은 옳고 그름처럼 고정된 기준에 따라 방향을 설정한다. 그러나 인터넷 세상은 시작도 끝도 없다. 각각의 문제마다 수천 가지의 의견과 조언이 넘쳐흐른다. 우리는 인터넷에서 해답을 구하지만 결국 나아가야 할 방향만 알 수 있을 뿐이다. 그렇기 때문에 이런 특성을 제대로 이해하고 대처하는 방법부터 연습해야 한다. 이것은 인터넷을 통해 접하는 콘텐츠에 바로 적용할 수 있는데, 고의적인 의도로 퍼트리는 가짜 뉴스가 대표적인 예다. 또한 인터넷을 맹신하고 무분별하게 사용하기에 앞서 자의식을 갖고 스스로 결정하며 과도한 시간을 들이지 않도록 절제하는 요령부터 터득해야 한다.

최근 들어 아무 생각 없이 인터넷에 지배당하지 말고 자신의 의지로 조절하는 똑똑하고 책임감 있는 인터넷 사용의 중요성에 대한 공감대가 형성되었다. 브레이크 없이 인터넷의 가상 세계에 빠지면 분명 문제가 생길 수밖에 없다.

처음부터 의도한 건 아니었겠지만 이 과정에서 아이에게도 보상이 생긴다. 대인 관계 장애는 성인의 눈높이에서 아이를 바라보는 동반자 관계일 때만 발생하는 것이 아니다. 목적 없이 전진하는, 방향성을 상실한 부모는 선택마저 아이의 몫으로 넘겨버린다. 그렇게 주도권은 아이의 손으로 넘어간다.

심리학에는 이러한 대인 관계 장애를 '투사'라고 부른다. 부모가 아이를 위해 존재하는 것이 아니라 반대로 아이가 부모를 위해 존재한다. 아이가 결정에 참여하는 것을 넘어서 부모를 위해 대신 결정해야 하는 모습이 어디에서나 흔하게 접할 수 있는 원인이 바로 이 투사에 있다.

현재 가장 친한 친구의 결혼식에서 신랑 들러리 역할을 맡게 된 루이스의 아빠는 여덟 살 루이스와 함께 새 구두를 사러 나섰다. 구두 가게에 도착한 루이스는 마치 꼬마 왕처럼 가죽 소파에 앉았고 아빠는 골라온 신발을 하나씩 보여준다. 사실 루이스는 아빠가 골라온 구두의 차이점을 조금도 알지 못했다. 구두코가 더 뾰족하거나 길이가 다르고 밑창이 얇게 처리되었다고 했지만 루이스가 보기에는 전부 검정 구두일 뿐이다. 그렇지만 루이스는 진지하게 자신의 의견을 묻는 아빠의 태도가 매우 흡족하다. 판매원도 루이스의 의견에 관심을 보이는 것 같다. 마침내 루이스가 구두 한 켤레를 지목하자 아빠는 매우 뿌듯한 목소리로 답한다.

"네가 봐도 그렇지? 이 구두가 제일 좋은 것 같구나!"

아이들은 일반적으로 생후 24개월 정도가 되면 어른이 자신보다 훨씬 더 크고 강하다는 걸 깨닫는다. 이후 처음에는 부모로부터 시작해 보육 교사나 학교 선생님을 거울 삼아 배우곤 한다. 그러나 아빠의 구두를 고르고 있는 루이스는 어른의 모습을 보며 앞으로 나아가야 할 방향과 계획을 세워도 괜찮을지 매우 혼란스러울 것이다. 이 때문에 아이는 생후 24개월에 해당하는 정서적·사회적 정신 발달에서 다음 단계로 넘어가지 못한다. 루이스는 몇 년 뒤 청소년이 되고 곧 성인이 될 테지만, 정신 발달이 진행되지 못한 상태에서는 이 세상에서 가장 중요한 건 나 자신이라는 가치관을 여전히 고수할 수밖에 없다. 이렇게 자기중심적 사고로 세상을 바라보기 때문에 항상 자신의 이득만 생각한다. 대가를 치르지 않고 원하는 대로 할 수 있는 일은 많지 않다. 그건 직장에서도 대인 관계에서도 마찬가지다.

공생 관계

나는 앞으로 전진할 일만 남은 것 같은 시대에 성장했다. 참혹했던 세계 대전이 끝나고 재건 시대를 거치며 이룩한 기적 같은 경제 성장은 사람들의 마음을 뒤흔들었고 독일의 통일로 엄청난 도약과 함께 새로운 시장이 열렸다.

사람에게는 자신이 살아가는 이유, 인생에서 추구하는 목적 같은 가치관이 필요하다. 이런 가치관이 정립되지 않으면 무의식이라는 감정의 포로가 되어버린다. 안타깝게도 2003년 무렵부터는 모든 것이 정체 혹은 심지어 내리막인 것 같은 분위기가 팽배했다. 이제 세상은 행복과 번영을 찾을 수 없는 암흑 같은 곳이 되었기 때문에 사라진 가치를 아이에게서 찾게 되었다. 그렇게 아이의 행복과 성공이 어른의 행복이자 성공으로 둔갑했다.

2003년 이후 상담실을 찾아온 사람들 중에는 행복이나 만족을 찾지 못하거나 무언가를 순수하게 기뻐할 줄 모르는 어른들이 날로 늘어갔다. 결국 공생 관계라는 왜곡된 대인 관계가 새롭게 등장했다. 공생은 디지털 미디어가 야기한 정신적 부담에 비전이 사라진 삶이 더해질 때 나타나는 반응이다.

공생 관계에 빠진 부모는 매사를 아이의 입장에서 느끼고 생각한다. 아이가 힘들면 나도 힘들다. 이런 사고방식은 한때 보편적이라고 여겨졌던 '내 아이는 나보다 더 좋은 환경에서 자라야지' 같은 생각과 차원이 다르다. 공생 관계는 부모와 아이가 '혼연일체'가 된 것 같은 양상이다. 심지어 학교에 다니기 시작한 아이를 따라 교실에 함께 있고 싶어 하는 부모가 있을 정도이다.

현재 다섯 살 루이스와 세 살 루이자 남매의 엄마는 오늘도 아이들을 유치원에 데려다준다. 엄마와 인사를 마치자 루이스는 블록 장난감 구역에서, 루이자는 그림 그리기 테이블에서 차분하게 놀이를 시작한다. 그런데 엄마가 황급히 문을 열고 다시 들어와 보육 교사를 살짝 불렀다.

"아이들에게 윙크하는 걸 깜박했어요!"

선생님은 어쩔 수 없이 두 남매가 엄마와 윙크를 할 수 있도록 창가에 세운다. 떠나는 엄마의 모습을 본 남매는 매우 당황했고 보육 교사는 그로부터 30여 분 동안 아이들을 달래야 했다.

사실 이건 아이들을 위한 것이 아니라 오롯이 부모 자신만을 위한 행동이다. 앞서 설명했던 대인 관계 장애처럼 부모는 자신의 의지로 공생 관계를 선택한 것이 아니라 자신도 모르는 사이 그런 상태에 빠져든 것이다. 그렇게 아이에 대한 잘못된 사고방식은 차츰 굳어진다. 부모는 아이를 마치 신체 일부처럼 여겨서 냉철하고 비판적인 시각으로 언행을 검증하지 못한다.

지금까지 여러 번 설명했던 것처럼 공생 관계에 빠진 아이들은 정신 발달이 유아기 수준을 벗어나지 못한다. 부모가 반사적으로 아이들에게 반응하기 때문에 이 아이들은 사람과 사물의 차이를 전혀 구분하지 못한 채 살아간다. 아이들은 물건이든 사람이든 자기 마음대로 조종하고 결정할 수 있다고 믿는다.

정상적인 발달 단계를 거치면 성장하고 배우려는 열의가 확장되지만, 공생 관계에 빠진 아이들은 학업 태도는 물론 학업 성취도에 대한 자세도 갖추지 못한 채 부모의 보살핌만 바란다. 아이들은 그 순간만을 살기에 신체적 나이에 걸맞은 인내심은 눈 씻고도 찾아볼 수 없다. 이런 성향이 지속되면 성공적인 경력을 쌓는 것과 대인 관계에도 좋은 영향이 되지 못한다.

이제는 스마트폰을 꺼야 할 때

2008년부터는 그 수를 세기조차 힘들 정도로 많은 부모들과 상담했다. 이 시기가 스마트폰이 처음 등장한 때와 거의 일치하는 건 우연이 아닐 것이다. 사람들을 파고든 불안은 감정을 극단으로 몰아갔다. 오감으로 느끼던 것은 어느 순간 사진과 영상으로 대체되었고 삶의 순간을 음미하고 즐기는 사람은 이제 찾아보기 힘들다. 어른들마저 즉각적인 만족과 신속한 포만감을 원하다 보니 디지털 기술의 도움을 받아 전 세계의 뉴스를 무분별하게 실시간 생중계로 접하곤 한다. 사람들은 이 모든 현상이 각자의 자유의지에 따라 행동하는 것처럼 착각하고 있다.

유치원에 다니는 한 아이의 부모가 내게 이야기를 하나 들려줬다.

현재 루이스의 엄마는 유치원 대기실에서 아이를 기다리는 동안 다른 엄마들과 대화를 나눈다. 갑자기 한 엄마의 가방에서 이상한 알람 소리가 들리더니 하던 말을 멈추고 가방에서 스마트폰을 꺼냈다. 그 엄마는 새로 등록된 뉴스를 확인하더니 흥분해서 말한다.

"그럼 그렇지, 또 테러가 일어났대요."

세계에 무슨 일이 일어날 때마다(물론 거의 부정적인 사건이겠지만) 업데이트되는 뉴스 어플을 설치했던 것이다.

뇌는 새로운 정보나 자극이 유입되면 가장 먼저 그 내용이 의미가 있는지 판단한다. 그러나 여러 정보나 자극이 동시에 밀려들면 차분히 분류하기 힘들어진다. 이런 상황이 지속되면 어느 순간 제대로 제어하지 못하게 되어 막연한 두려움이 엄습하는 상태에 빠진다. 요즘 어른들은 특별한 이유 없이 이런 두려움 속에서 허우적대고 있다. 뇌는 생각의 회전을 멈추고 평정심을 찾는 데 실패해 계속해서 고속 모드로 작동한다. 이번 장 도입부의 일화에서 본 것처럼 루이스의 엄마가 일어날 때부터 심신이 천근만근인 원인이 바로 여기에 있다. 가끔씩 루이스 엄마는 완전한 이완과 휴식을 동경했지만 어떻게 해야 좋을지 감을 잡지 못했다.

어른들의 스트레스는 예전 그 어느 때보다 높은 수준이다. 짜증도 심하고 무척 예민해질 수밖에 없다. 디지털 세상이 확장되면서 항상 눈에 보이는 표면적인 사항에만 매달리고 있다. 내면을 돌아보고 돌보는 것은 불가능한 일이 된 것 같다. 자신이 누구인지 확신이 서지 않을 정도로 낯설어지는 감정은 사람을 지치게 만들었고 점점 위축되어 어딘가 마비된 것 같은 불안감으로 이어졌다. 이제는 그런 상황을 참고 견디는 것이 삶의 목표가 된다. 책임감을 가지고 중요한 순간에 결단을 내리며 본질을 꿰뚫는 통찰력은 점점 사라진다. 이런 상태가 지속되면 이미 어른으로 성장했어도 정신 발달 수준이 아이처럼 퇴행한다.

일방통행로에서 마주친 한 젊은 남성과의 일화를 기억할

것이다. 무모하게 역주행하던 그 남성은 이 세상이 오롯이 나를 중심으로 움직인다는 정신 수준을 가지고 있었다. 때론 나이 지긋한 운전자도 그 남성처럼 행동하기도 한다. 이런 모습은 자극 과잉에 의해 유아기적 단계로 퇴행했을 때 나타난다. 아마 그 남성은 자신이 생각하는 소망과 욕구가 누구에게나 적용되는 표준이라고 확신했을 것이다.

얼마 전 공항에서 겪었던 일이다. 마치 폭풍을 연상시키는 굵은 빗발과 거센 바람이 부는 악천후로 이륙 허가가 지연되고 있다는 안내 방송이 나오기 전부터 이미 나는 한참을 게이트 앞에 앉아 있었다. 최소 한 시간 이상 지연될 분위기였다. 주변에서는 여기저기서 불만을 토로하고 있었다. 많은 여행객들이 스마트폰을 들고 날씨 어플을 켜거나 집에 전화를 걸어 기상 상태를 물었다. 혹은 게이트의 승무원에게 다가가 비행 일정을 묻기도 했다. 사람들은 이런 악천후에 위험을 무릅쓰고 비행을 하지 않는다는 사실에 안도하기보다 마음대로 되지 않는 것에 불만을 터트리고 어린아이처럼 당황하며 좌절했다.

요즘 세태를 보면 일반적인 정신 발달 과정을 거친 사람도 양쪽에서 압력을 받게 될 것이다. 한쪽은 정신 발달이 멈춘 미성숙한 젊은이고 다른 한쪽은 외부 압력에 의해 정신 발달이 퇴행 상태에 빠져버린 노년층이다. 이런 상황을 근본적으로 바꾸기 위해서는 어른들이 분명한 책임 의식을 가지고 올바른 디지털 미디어 사용법을 배우려 노력해야 한다. 어른들의 심리 상태는 곧바로 아이들에게 전해지기 때문이다.

우선 시간마다 설정해놓은 알람을 전부 해제하고 의도적으로 스마트폰을 사용하지 않는 시간을 정해보라. 그렇게 되면 부모와 아이가 방해받지 않고 함께할 수 있는 기회가 열린다. 부모들은 다시 직관을 따르게 되고 아이를 바라보는 시각도 훨씬 여유로워진다. 부모가 이끌어주기를 바라며 앞으로 나아갈 방향을 찾으려는 아이의 욕구를 인지하고 이해할 수 있다. 그렇게 부모와 아이는 다시 서로 가까워지며 아이는 부모의 과도한 보호 아래 멈췄던 정신 발달 과정을 만회할 수 있다.

스마트폰과 인터넷이라는 거대한 그물에서 빠져나오려면 어떻게 해야 할까? 다이어트를 하는 것과 마찬가지로 단계별 목표를 설정하는 것이 이상적이다. 살을 빼겠다고 처음부터 매일 10킬로미터씩 달리지 않는다. 50미터 혹은 100미터에 불과해도 시작하는 것이 중요하다. 아무것도 하지 않았던 예전에 비하면 분명한 발전이다. 매일 꾸준히 노력한다면 거리는 점차 늘어난다. 일주일에 하루만큼은 가족 모두 참여해보면 어떨까? 가족 모두가 식탁에 둘러 앉아 스마트폰 대신 서로의 얼굴을 보며 대화하고 소통하는 것이다. 식사 후에는 함께 독서 시간을 가진다. 이런 시간은 아이뿐만 아니라 부모에게도 유용하다. 수많은 가족에게 조언하고 결과를 지켜보니 긍정적인 효과가 있었다. 여러분도 실행에 옮긴다면 첫날부터 가족 모두 차이를 확연히 느낄 것이다.

이제는 우리의 아이들에게 정당하게 즐기고 누릴 수 있는 어린 시절을 돌려줄 방법을 살펴보자.

9 원칙과 규율이 만드는 사회성과 자존감

알렉사는 이 책의 처음부터 지금까지 우리의 여정에 함께 했다. 알렉사 덕분에 디지털 미디어가 마음을 빼앗기 전의 어린 시절이 어떤 모습이었고 어떤 느낌을 주었는지 상기할 수 있었다. 알렉사의 모습을 보며 루이스에게 부족한 것이 무엇인지도 깨달았다. 이제는 알렉사와 작별해야 할 시간이다. 더 나은 미래를 만들기 위해 새로운 아이를 만나게 될 것이다. 바로 벤이다. 벤은 미래의 유치원과 학교에 다니며 미래의 꿈을 고민할 아이다.

이제 나는 건강한 부모와 자식 관계에서 성장한 벤의 모습을 루이스의 모습과 비교하려 한다.

두 살 루이스는 모래에 손을 파묻고 즐겁게 놀고 있다. 루이스의 부모는 몇 미터 떨어진 곳에 돗자리를 펴고 앉아 온통 스마트폰만 보고 있다. 그러다 문득 아이의 사진을 찍어야겠다는 생각이 떠오른 것 같았다. 부모는 아이의 손에 모래놀이 삽과 바구니를 들렸다.

"루이스, 웃으면서 여기 좀 볼래? 그렇지. 루이스, 이제는 삽을 좀 더 높이 들어봐."

루이스의 부모는 원하는 사진을 얻을 때까지 이 과정을 한동안 반복한다. 부모님이 갑자기 왜 그러는지 어리둥절하기만 한 루이스는 더는 부모의 요구에 따르지 못하고 모래에 털썩 주저앉아버린다. 놀이의 흐름이 끊어진 아이가 다른 놀이를 찾기까지는 시간이 한참 걸렸다.

두 살 벤은 태어나 처음으로 바다에 왔다. 처음 마주한 풍경에 다소 멍했지만 이내 모든 감각을 열어 주변을 관찰하기 시작했다. 하늘에는 갈매기들이 원을 그리며 날고 있는 것이 보였고 짭짤한 바다 냄새가 코끝에 닿았다. 벤은 손가락 사이로 흘러내리는 모래의 감촉을 느끼며 모래가 그다지 맛이 없다는 것을 직접 확인한다. 벤의 부모는 아이의 곁에 피크닉 돗자리를 펴고 앉아 느긋하게 독서를 한다. 하지만 틈틈이 아이의 모습을 시야에서 놓치지 않는다. 부모는 이 순간 벤을 혼자 두는 것이 가장 좋은 방법이라는 걸 직관적으로 알아차린다. 잠시 후 벤이 질문이 있다는 표정으로 그들을 바라보자 아빠는 아이 곁에 앉아서 삽으로 구멍을 파는 법과 더불어 작은 조개를 모래 더미 위에 놓으며 예쁘게 장식하는 법을 자상하게 보여준다. 벤의 엄마는 그 모습을 보며 평화롭고 조화로운 장면에 매우 흡족해한다. 그러고는 몸을 편안히 뒤로 기대며 따뜻한 햇살을 즐긴다.

부모와 아이가 서로 진정한 교감을 나누는 이상적인 미래의 모습은 엄청난 차이가 있다. 루이스의 부모는 아이가 자신들의 뜻대로 움직이며 소망을 이뤄주기를 바라는 기대 심리가 있다. 따라서 아이가 항상 부모를 바라보며 일종의 동반자처럼 행동하고 애정을 쏟아주기를 기대한다. 반면 벤의 부모는 아이에게 초점을 맞추고 있다. 무엇보다 벤에게는 아이답게 행동하는 것이 허락된다. 벤처럼 아이를 키우려면 부모가 더는 자기 욕구를 중심에 두지 말고 아이의 정신 발달에 꼭 필요한 애정과 관심을 선사해야 한다.

'아이들은 이미 중심에 있는데? 그게 아이들의 문제 행동

을 야기한 근본적인 원인 아니었던가?'

어쩌면 아이가 어른에게 도발적인 태도로 대들거나 떼를 쓰고 소리 지르는 모습을 떠올리면서 이렇게 생각하고 있을 수도 있겠다. 유치원이나 학교에서도 아이들이 즐거움과 재미를 발견하고 스스로 발전해나갈 수 있는 학습 환경을 조성하려고 최선을 다하고 있다. 내가 말하려는 핵심은 무의식적으로 아이들을 통해 자신의 욕구를 채우려는 어른의 지나친 요구다. 아이들과 밀접한 관계에 있는 부모·조부모·선생님을 위해 다시 한번 정리하고자 한다.

진정으로 사랑한다면 좌절을 가르쳐라

무엇에도 억눌리지 않는 직관을 바탕으로 아이와의 관계에서 다른 것에 시선을 빼앗기지 않고 정말 아이에게 필요한 것을 충족시키는 부모는 극소수에 불과하다.

바쁘고 정신없는 일상에 치이다 보니 아이들을 서로 협력해야 하는 동반자로 보는 관계에 빠져 아이들이 감당하지 못할 책임을 떠넘겼다. 아이는 고집을 부리며 똑부러지게 자기 의견을 피력하면 원하는 건 모조리 다 얻을 수 있다. 이런 부모 중 일부는 투사의 모습을 보인다. 다시 말해 부모가 아이에게 사랑을 받기 위해 할 수 있는 건 뭐든지 하는 것이다.

요즘 부모와 자녀 사이에서 가장 빈번하게 발생하는 대인 관계 장애는 바로 공생이다. 공생에 빠져든 부모는 아이가 원하는 건 전부 다 들어주며 그 안에서 마음의 평안을 찾는다. 이런 관계에 더 깊이 빠지면 빠질수록 아이의 욕구를 제지하는 것도 더 힘들어진다.

이런 간략한 설명만 봐도 부모와 자식의 관계에 문제가 있는 가정의 아이는 원하는 건 뭐든지 전부 얻는다는 것을 확인할 수 있다. 그러나 아이가 격렬히 원한다고 해서 그것이 아이에게 꼭 필요하다는 의미는 아니다. 주변 어른이 아이를 감싸기만 하다 보니 아이에게 진정으로 필요한 게 무엇인지 제대로 알아차리지 못하는 것이다.

방송에서 쏟아내는 메시지에 휘둘려 건강하지 못한 관계에 이르는 조부모가 수두룩하다. 조부모는 예전과 달리 정신 발달 문제를 겪고 있는 루이스를 돌보는 것을 무척 부담스러워한다. 어쩔 수 없이 돌보고 있다고 해도 긴장 상태가 계속되면 조부모에게는 사랑스러운 손주가 아니라 어깨에 짊어져야 할 또 다른 부담만 될 뿐이다.

힘들고 고된 육아 스트레스로 상담을 받는 부모에게는 조부모의 도움을 받을 것을 권하곤 한다. 서로 멀리 떨어져 살고 있어 도움을 받기 어려운 경우도 있었지만, 부모가 판단하기에 조부모가 아이를 제대로 돌볼 능력이 되지 않는다고 생각하는 경우도 많았다. 그러나 부모에게는 단 반나절이라도 아이에게서 떨어져 부부만의 시간을 갖는 것이 꼭 필요하다. 특히 다른 직업을 갖지 못하고 집에서 홀로 육아의 짐을 짊어지고 있다면 주변의 도움이 더욱 절실할 것이다.

다른 측면에서 보자면 상당수의 조부모들이 손주와 동반자 관계에 빠져든다. 많은 조부모들은 손주가 아무리 어려도 좋아하는 것과 싫어하는 것을 구분할 줄 안다고 생각한다. 한편으로는 무의식 속에 손주가 자신들을 행복하게 해줘야 한다는 기대감도 가지고 있다. 여기서 불길한 징조가 시작된다. 이렇게 어른들이 아이를 돌보지 않고 반대로 아이가 어른을 보살펴야 하는 상황이 연출된다. 게다가 조부모도 아이들의 애정을 확신하지 못하는 만큼 아이들의 사랑을 얻기 위해 만날 때마다 선물을 사주려는 태도를 보이게 되면서 상황은 더 악화된다. 그러나 이런 태도와 행동이 매우 비효율적인 판단이라는 것은 바로 입증된다.

여덟 살 루이스를 종종 돌봐주는 할아버지는 루이스의 사랑을 독차지하려는 부푼 기대감에 늘 선물을 양손 가득 들고 방문하곤 했다. 루이스의 눈에 비친 할아버지는 산타 같다. 루이스는 할아버지가 오시면 가벼운 인사만 건넨 후 선물을 빼앗듯 받아들고 제 방으로 사라지곤 했다. 할아버지도 이런 행동을 나무라지 않았다. 혼내기라도 하면 루이스가 할아버지를 싫어할까 봐 두려웠기 때문이다. 애초부터 할아버지와 루이스의 관계는 각자의 목적을 이루기 위한 수단만 존재했기 때문에 진정한 의미의 애정이 있다고 보기 힘들다.

외출했던 루이스의 부모가 돌아오고 할아버지가 떠나면 루이스는 주말 내내 자기와 함께 있어달라고 흥분하며 떼를 쓴다.

여덟 살 벤은 주말 내내 할머니 집에서 보낼 때가 있다. 부모에게 둘만의 시간이 필요할 때면 할머니는 흔쾌히 벤을 맡아준다. 덕분에 벤의 부모는 육아라는 짐을 잠시 내려놓고 재충전을 할 수 있었다. 벤의 할머니는 벤과 단둘이 보내는 시간이 쉽지 않지만, 그럼에도 함께하는 시간이 행복하다. 벤의 할머니 입장에서는 벤의 가정을 도와준다는 의미도 있고 아이 삶의 일부가 되어 성장하는 모습을 곁에서 지켜보는 즐거움을 만끽하기 때문이다.

오늘 메뉴는 벤이 가장 좋아하는 감자와 완두콩을 곁들인 돈가스다. 할머니와 벤은 함께 음식을 먹으며 학교에서 있었던 일에 대해 대화를 나눈다. 벤은 먼저 식사를 마쳤지만, 할머니가 다 드실 때까지 자리를 지켜야 한다는 걸 잘 알고 있다.

아이를 소중하게 아끼면서도 본인과 엄연히 다른 인격체로 생각하는 조부모의 태도는 건강한 관계의 밑거름이 된다. 벤의 할머니는 아이와 친하게 지내려고 비싼 선물을 사주지 않는다. 선물을 줘야 한다는 강박 없이도 애정과 진심을 담아 손자를 대하면 아이도 그런 마음을 충분히 느끼기 때문이다.

좋은 친구보다 인생의 등대가 돼라

교사는 이미 교육 과정에서부터 아이들을 동반자처럼 대하라고 배운다. 본인의 직관에 따라 객관적인 거리를 두고 독자적인 인격체로 학생을 대하는 소수의 교육 기관이 아니라면 직접적인 동반자 관계가 형성된다. 이때부터 부모나 조부모와 마찬가지로 학생과의 관계에서 스트레스가 쌓인 교사들은 본인의 필요에 의해 투사 관계로 넘어갈 가능성이 생긴다. 결국 교사도 학생의 사랑을 원하게 된다. 예컨대 아이들에게 미움을 살까 봐 숙제를 아이들의 가장 좋은 친구라고 소개하기도 한다.

현재 열세 살 루이스의 담임 선생님은 아이들을 위해 최선을 다했고 아이들이 잘 지내기를 원했다. 조화로운 학급은 선생님이 생각하는 위시 리스트의 첫 번째 덕목이다. 막 첫사랑에 빠진 루이스의 머릿속엔 공부가 아닌 다른 것으로 가득했다. 루이스는 숙제도 발표도 하지 않았다. 루이스가 집중하지 못한다는 걸 눈치 챈 선생님은 수업이 끝나고 루이스를 불렀다.

"루이스, 혹시 무슨 일 있니?"

선생님은 걱정스런 목소리로 물었다. 선생님은 루이스가 첫사랑 고민을 털어놓을 때까지 계속 묻는다. 루이스는 추궁당하는 느낌도 들었지만, 선생님에게 고민을 털어놓으니 좋은 점도 있다. 지금까지 빼먹은 숙제를 다시 하지 않아도 되었다. 선생님과의 상담 도중 갑자기 벅찬 마음을 억누르지 못하고 살짝 눈물을 보였기 때문이다. 당황한 선생님은 루이스를 토닥이며 위로했다. 선생님과 상담을 마치고 나니 쉬는 시간은 한참 전에 끝난 터였다. 루이스는 순간 어떻게 해야 할지 막막해진다. 반면 선생님은 학생의 고민에 도움이 됐다는 생각에 기분이 좋아졌다. 선생님은 이미 늦어버린 다음 수업을 향해 경쾌한 발걸음을 옮긴다.

물론 교사와 학생의 관계는 두려움 없이 신뢰를 바탕으로 형성되어야 한다. 무엇보다 교사는 학생이 보고 따라야 하는 사람이라는 데 일말의 의심도 생겨서는 안 된다. 학생들을 대할 때 무조건적인 긍정과 공감의 태도를 가지도록 인간중심이론(긍정적 인간관에 근거하여 인간 존엄과 주관성을 중시하는 이론.-옮긴이)을 바탕으로 교육을 받은 교사가 학생들의 좋은 '친구'가 되면서 동시에 '등대' 역할을 한다는 건 불가능한 일이다. 학부모와의 관계도 마찬가지다. 학생의 좋은 친구로 입지를 굳히면 본인의 의도와는 상관없이 아이의 이야기를 누설하게 된다. 이런 거래에서 뭔가를 얻는 건 성인뿐이다. 아이가 성인의 정신적 버팀목이 되면 아이는 안정감과 앞으로 나아가 할 방향성을 동시에 상실한다. 선생님의 자상한 모습이 단순히 제자의 애정을 원하는 마음

때문인지, 아이의 정신 발달을 장려하는 마음에서 우러나온 것인지에 따라 이후의 상황은 크게 달라진다.

벤의 담임 교사는 학생을 위해 항상 최선을 다하며 아이들 모두가 자립적인 성인으로 성장하기를 진심으로 바란다. 열세 살인 벤은 오늘 숙제도 하지 않았고 수업시간에도 매우 불량한 태도를 보인다. 선생님은 수업 후 벤을 교무실로 부른다. 선생님은 벤에게 그 어떤 사유도 숙제를 해오지 않는 행동을 정당화할 수 없다고 강조한다. 훗날 성인이 되어 자식이 생기면 컨디션이 좋지 않은 날에도 아이를 보살펴야 한다고도 말한다.

벤은 최근 경험을 통해 다음 날에도 숙제를 제출하지 못하면 벌로 숙제가 추가된다는 걸 알고 있다. 따라서 힘들어도, 하기 싫어도 숙제는 해야만 한다. 그러나 선생님의 말은 아직 끝나지 않았다.

"오늘 숙제를 제출하지 않은 건 참으로 유감이구나. 숙제를 해왔더라면 함께 구하던 답을 훨씬 더 빨리 찾을 수 있었을 텐데 말이다. 다음에는 제대로 준비해서 오기를 기대해보마."

벤은 선생님이 자신을 인정해줬다는 사실이 기쁘다. 벤의 수학 성적은 반에서 중간이었지만 선생님이 자신을 그렇게 생각한다는 걸 오늘 처음 알았다. 그리고 이제는 고민이 생길 때마다 선생님을 찾아가면 된다는 것도 깨달았지만 벤은 자기 문제를 스스로 해결하기로 결심한다.

얼마 전 벤은 아빠의 서랍에서 물건을 꺼냈다가 그만 잃어버리고 말았다. 아무렇지도 않게 없던 일처럼 넘어갈 방법은 없다. 따라서 오늘 저녁 아빠에게 털어놓아야 한다. 막상 결심을 하고 나니 마음이 한결 편해진다.

___

부모·조부모·교사는 아이들이 진정으로 필요로 하는 것이 무엇인지 직시했을 것이다. 어른들은 자기 필요에 의한 욕구를 내려놓고 오롯이 벤을 위해 곁에 섰다. 이미 여러 번 반복했지만 그럼에도 재차 강조한다. 이런 태도 전환으로 어른들은 아이를 다시 아이로 보고 더 이상 불가능한 것을 요구하지 않게 될 수 있다.

아이의 건강한 미래를 위해 울타리를 쳐라

 현재 한 엄마가 여섯 살 아들과 함께 진료실을 방문했다. 상담 중 엄마는 불쑥 이런 말을 던진다.

"선생님, 밖에 있는 딸아이가 잘 자고 있는지 보고 올게요."

나는 같이 상담 온 아이 외에 아이가 더 있을 거라고는 생각도 못 했기에 깜짝 놀랐다. 상담실 안에서는 잘 보이지 않는 문밖의 한 구석에 유아용 자전거가 세워져 있었다. 자전거 좌석에는 생후 18개월 된 루이스가 잠들어 있었다. 18개월 아기에 불과한 루이스는 그렇게 최소 30분은 혼자 있었던 것이다. 아이가 잠에서 깼어도 엄마가 알아차리기 힘든 장소였다. 아이를 잠시라도 혼자 두기에는 아직 너무 어리다는 나의 말에 엄마는 이해할 수 없다는 식으로 반응한다. 엄마는 설령 소리를 제대로 듣지 못했거나 아이의 모습이 잘 보이지 않았어도 아이가 필요하면 자신을 불렀을 거라는 태도를 고수한다.

 미래 벤과 아빠는 함께 공원으로 산책을 나섰다. 생후 18개월 된 벤의 손을 잡고 가야 해서 무엇보다 주변을 잘 살피고 천천히 걸어야 한다. 하지만 딱히 장소를 정해놓은 것도 아니기 때문에 아빠는 그저 아들과 함께하는 시간을 즐긴다. 아이와 함께 웅덩이, 가을빛으로 알록달록 물든 나뭇잎, 특이한 모양의 돌멩이를 찾는다. 처음에 아이는 살짝 두려워했지만 아빠를 한번 바라보고는 아빠와 함께하는 한 모든 것이 괜찮다는 걸 확신한다. 벤이 피곤해지기 전에 집으로 발걸음을 돌린다. 아빠는 아들이 산책을 얼마나 버틸 수 있을지, 언제쯤 아이가 힘들어하는지, 배고파하는지 잘 안다. 집에 돌아와 이유식을 배불리 먹고 난 벤의 눈꺼풀이 점점 감기기 시작한다. 아빠는 낮잠이 든 아이를 침대에 눕힌다. 그리고 평온하게 식탁에 앉아 잠시 생각에 잠긴다. 아빠는 아직 벤이 걸어가기 약간 비거운 거리에 있는 놀이터를 떠올린다. 아빠는 몇 주만 더 지나면 벤이 거기까지 산책하고도 놀이터에서 정글짐이나 미끄럼틀을 탈 힘이 남아 있을지 도전해보기로 마음먹는다. 아빠는 벤과 함께 놀이터로 탐험을 떠날 생각에 마냥 기쁘기만 하다.

벤의 아빠는 벤에게 필요한 걸 제대로 간파했다. 아빠 본인만 생각하면 벤을 데리고 곧장 놀이터로 가는 편이 훨씬 더 재미있었을 것이다. 놀이터에서 어렸을 때의 추억도 함께 떠올리면서 말이다. 그러나 지금 벤에게는 집 근처 모래 놀이터면 충분하고 아빠와 함께라면 근처를 함께 산책하는 것만으로도 행복하다는 현실을 있는 그대로 받아들였다. 물론 벤 아빠에게도 스마트폰이 있지만 벤과 떠나는 짧은 탐험에서 스마트폰 꺼낼 생각은 전혀 없었다. 벤과 함께 나뭇가지로 물 웅덩이를 쿡쿡 찔러볼지 혹은 페이스북에 벤의 사진을 포스팅할지의 기로에서 아빠의 선택은 명쾌했다.

부모의 시야에 아이들이 필요로 하는 것이 제대로 담기기 시작하면 유모차를 밀며 전화 통화를 하는 아빠들의 모습은 도시의 풍경에서 사라질 것이다. 커피숍과 공원 벤치에서 아기에게 우유를 먹이는 엄마들 역시 더 이상 스마트폰 화면이 아니라 아이에게 집중할 것이다. 함께 있어도 부모의 생각이 저 멀리 어딘가에 있었던 시절은 이제 과거의 일부가 되어버릴 것이다.

이렇게 벤을 당연히 유아기적 욕구가 있는 아이로 바라보는 시선만으로도 아이들은 안심한다. 더 이상 감당하기 힘든 책임에서 해방되었고 명확한 규칙에 의해 움직이는 세상에서 생활할 수 있다. 이런 생활에서 아이들은 안정감을 느낀다. 부모도 디지털 미디어 사용법을 제대로 배우면서 남은 시간 동안 벤에게 관심과 애정을 충분히 표현하며 함께 시간을 보낼 수 있게 될 것이다.

지금과 같이 루이스가 성장한다면 이런 감정을 느끼게
될 것이다.

— 어른들의 평안과 행복을 좌우하는 건 바로 나다.
— 무조건 어른들의 기대에 적응하고 따라야 한다.
— 어른이 지치고 힘들어할 때, 짜증나 있을 때는 무조건 그런
  모습을 이해하고 행동을 조심해야 한다.
— 나는 모두를 힘들게 하는 훼방꾼이자 골칫거리다.
— 어디에서도 나를 필요로 하지 않는다.

그러나 벤의 경우는 다르다. 벤은 항상 보호받는 느낌과
안정감 속에서 성장하면서 이런 감정을 느끼게 될 것이다.

— 어른들은 나를 행복하게 해줘야 한다는 책임을 느끼고 있다.
— 어른들은 내게 필요한 걸 먼저 고려한다.
— 어른들의 기분이 좋지 않을 때는 먼저 나에게 양해를 구한다.
— 어른들은 내가 의지할 수 있는 태도와 반응을 보이고, 언제
  라도 찾아가 쉴 수 있는 안식처로서 안정감을 선사한다.
— 학교에서는 규칙에 따라 생활하도록 지도하고, 방해받지 않
  고 학습할 수 있는 조용한 환경을 조성해준다.

― 나는 세상에서 유일무이한 존재이며 가족들에게 조건 없는
  사랑을 받고 있다.

루이스의 일상은 작은 조각들로 나뉘어져 있다. 마치 택
배처럼 부모에게 이끌려 학교에서 체육관으로, 다시 학원에
도착한다. 이렇게 날마다 해야 하는 일들을 하나씩 지워가
는 것이 아이들의 일상이다. 부모가 짜둔 아이들의 일정은
늘 숨이 막힌다.

현재 열두 살 루이스는 최소한 일주일에 하루만큼은 제대로
땀을 흘릴 수 있도록 축구 클럽에 등록했다. 부모는 교대로 아이
를 축구장에 데려다줬다. 훈련 동안 집에 다녀오기에는 시간이
부족하기 때문에 부모는 근처 카페에서 기다린다. 기다리는 동
안 커피를 마시거나 스마트폰을 보며 휴식을 취하면서도 다른
부모와 교류는 하지 않는다. 이제 운동을 시작한 지 1년이 지났
지만 루이스는 여전히 같이 뛰는 선수들의 이름을 전부 외우지
못했다. 훈련이 끝나면 1분도 지나지 않아 곧바로 부모의 차에
올라탔기 때문이다. 클럽의 탈의실보다 집이 훨씬 편하기 때문
에 샤워는 집에서 한다. 부모 입장에서도 훨씬 빨리 집에 돌아갈

수 있기 때문에 그런 아이의 결정을 반긴다.

축구에는 신체 활동 말고도 더 많은 이점이 있다는 걸 루이스 부모는 조금도 감안하지 못했다. 루이스는 그곳에서 팀워크를 통해 협동심을 배우며 우정을 쌓음으로써 사회적 행동을 연습할 수 있었다. 그렇게 루이스에게는 또 하나의 세상이 온전히 열려 있었다. 그러나 경기 종료를 알리는 호루라기 소리와 함께 쏜살같이 사라진 탓에 그 기회는 물거품이 되었다.

미래　열두 살 벤은 집 근처 태권도장에 다닌다. 그곳에서 절친도 사귀었다. 처음에는 긴장되고 힘든 훈련이 마음에 들지 않기도 했지만 지금은 사범을 잘 따르고 신뢰한다. 사범은 시합에 졌을 때 대처하는 요령도 잘 가르쳐줬다. 그 밖의 다른 문제는 벤이 직접 해결해야 했다. 한동안 몇몇 친구들이 마르고 키가 큰 벤을 대놓고 놀려댔다. 벤은 노력 끝에 그 아이들과 대화로 문제를 해결했고 이제는 모두 사이좋게 지내고 있다.

매년 여름이 되면 각종 쿠키와 먹거리를 판매하는 축제에 도장 전체가 참여한다. 벤의 가족도 이 행사에 참여해 함께 봉사활동을 한다. 아빠는 멋진 케이크를 굽고 엄마는 판매대에서 계산을, 벤은 행운권을 나눠준다.

벤의 부모는 아이를 통합적으로 파악하고 벤이 자립해 스스로 결정할 수 있도록 '지금 이 순간'에 집중한다. 부모가 아이를 바라보는 시간 개념은 바로 현재다.

반면 루이스의 부모는 '최대한 스트레스 없이 하루를 보내려면 어떻게 해야 할까?'라고 생각했다. 부모는 단편적인 상황이나 행동으로 아이를 평가하고 바라봤기 때문에 행동에 연관성이 적었고 태도에 일관성이 부족했다.

처음에는 루이스에게 체력을 제대로 소진할 기회가 필요하다는 생각에 축구 클럽에 등록했다. 그러던 중 국어 과목의 성적이 좋지 않자 벌로 3주 동안 축구 클럽에 데려가지 않았다. 아침마다 피곤해하는 아이를 보며 밤이 되면 빨리 자라고 재촉하곤 했다. 그러면서도 아이가 스마트폰 게임하는 것을 좋아했기에 새로운 게임을 할 때면 제지하지 않았다.

부모와 조부모는 루이스를 위해 최선을 다하며 최고의 것을 주려고 하지만 장기 목표를 잃어버렸다. 아이들에게 성인에게나 적당할 법한 생활을 요구한다. 그렇게 성장한 루이스는 직업 교육을 시작할 때도, 부모의 집을 떠나 독립해야 할 시점이 왔을 때도 자립심이 부족했다. 지금의 유치원과 학교는 아이들 스스로 인생을 준비하도록 돌보지 못하고 있다.

벤은 초등학교를 졸업할 무렵 활기찬 모습은 물론 유창하게 글을 읽고 계산을 능숙하게 해냈다. 이런 기본을 바탕으로 앞으로 이어질 훨씬 힘든 학업도 잘 해낼 수 있을 것이다.

사회적 행동 방식을 훈련하는 것도 기초 지식만큼이나 중요하다. 벤은 유치원에서 다른 친구를 놀리면 안 된다거나 서랍에서 꺼낸 장난감은 제자리에 넣어야 한다는 걸 배웠다. 초등학교에서는 공동 생활에 필요한 여러 규칙을 추가로 배웠다. 학교생활은 주변 사람과의 공감 능력과 평화로운 문제 해결 외에도 성실함과 인내심이 요구됐다. 벤은 스스로 자립할 수 있을 때까지 많은 걸 배우고 경험해야 한다. 이 과정에서 교사는 교육과 정신 발달의 구성 요소 중 부족한 것은 없는지 예의 주시한다.

벤이 자신의 삶을 살도록 인도해야 하는 어른들의 과제는 매우 복합적이다. 벤의 교사가 아이들에게는 어른의 적절한 보호와 돌봄이 필요하다는 직관을 가지지 못했다면 벤의 정신 발달이 온전히 이뤄지도록 이끌지 못했을 것이다.

이에 반해 루이스로 대표되는 요즘 아이들의 교사는 가정에서처럼 단편적인 면만 보았다. 여러 능력을 성장시키도록 적극 장려했지만, 어떤 부분은 그냥 내버려뒀다. 모든 면모를 삶에 유용하도록 다듬는 대신 각각의 문제를 분리해 접근했다. 루이스에게 언어 장애가 생기면 언어 치료사에게 보냈고, 운동 장애가 의심되면 작업 치료를 추천했다. 모든 것은 증상 중심으로 진행됐다. 이건 흡사 집을 짓는 과정에서 각각의 전문가들이 서로 격리된 채 일을 하는 것과 같다. 각각의 작업은 조화롭고 원활하게 흘러가는 듯하지만 집 전체 모습을 단 한 번도 고려하지 않았기 때문에 결국은 뭔가 비스듬하고 들쭉날쭉인 상태가 된다. 아주 멋진 욕실이 완성됐지만 수도 배관이 엉뚱한 곳에 위치하는 상황이 벌어진다. 위층에는 아름다운 침실이 있지만 계단 만드는 걸 잊어버릴 수도 있다. 이런 집에서는 사람이 살 수 없다.

따라서 유치원과 학교에 아이가 성장할 수 있는 공간을 제공하고 학업 및 교육 과정을 마칠 때까지 아이와 동행하는 기능에 좀 더 신경써달라고 요청하고 싶다. 유치원과 학교가 언제까지 이 임무를 피하려 눈 가리고 아웅 하는 식으로 버틸 수 있을까? 능력 지향적인 수업을 받는 학생들이지만 실제로 아이들이 해당 능력을 제대로 발휘할 수 있는지는 검증하지 않는다. 학교는 학업 성취도 외에 다른 부분은 소외되고 있다는 세태도 인정하지 않는다.

초등학교 입학생들은 점점 더 학업 태도가 안 좋아지고, 초중고 12년간의 교육 과정을 마친다 해도 제대로 읽고 쓰고 계산하지 못하는 아이들이 허다하다. 이런 아이들이 과연 사회에 잘 적응해 그 일원이 될 수 있을까?

성적 및 능력 지향적 수업을 거부하는 태도는 고사하고 학업 성취도에 대한 열의마저 점점 줄고 있다. 그 사이 인재를 찾기가 하늘의 별 따기가 됐다는 인식이 기업과 고용 시장에 만연할 정도다. 그러나 가장 심각한 참사는 아이들이 인생에서 실패를 거듭한다는 데 있다. 아이들은 철저히 속은 것이다.

동등한 위치에서의 동반자 관계, 재미 위주의 학습 방식을 채택한 유치원 및 학교 교육 방식의 효용성이 떨어진다는 것이 입증되면서 마침내 그 책임을 져야 하는 상황이 도래했다. 물론 좋은 취지로 시작했겠지만 정작 아이에게 필요한 것은 완전히 비켜갔다. 아이에게 필요한 건 시대를 막론하고 동일하다. 몸의 안식처와 마음의 안정을 보장해주는 어른이다. 가정에서 부모·조부와 보내는 시간이 점점 줄어들면서 그만큼 유치원과 학교에 사람 지향적인 교육 방식의 도입이 절실해졌다.

또한 점점 압박을 가중시키는 대신 정신 발달 과정에 어려움을 겪는 아이를 위한 교육 정책이 마련되어야 한다. 현 시점에서는 누구보다 아이의 문제를 냉철하게 이해하고 이런 문제를 세부적으로 분리하여 인내심과 끈기 있는 훈련으로 이런 증상을 고칠 수 있는 교육자가 필요하다. 제일 먼저 가정에서부터 이런 장애를 부추기고 지속하는 동반자 관계적 사고를 버리고 치료 교육 방식으로 접근해야 한다. 특히 제 나이에 맞는 정서적·사회적 정신 발달 단계로 아이를 이끌어야 하는 임무가 현 유치원과 학교가 마주한 절박한 국면이다. 이런 토대가 완성되어야만 학생들이 교육과정을 제대로 소화할 수 있다.

지금 이 순간에도 동반자 관계를 끊임없이 경계함과 동시에 마음의 평정을 유지하면서 아이들을 지도해야 한다고 직관적으로 생각하는 어른들이 있다. 이 책의 주된 목적이자 관심사 중 하나가 바로 이런 생각을 퍼트리고 그런 어른들을 격려하는 것이다. 종종 아이와 잠시 떨어져 외부인의 위치에서 객관적인 시각으로 다시 아이를 바라보면 그동안 보지 못한 아이의 새 면모를 재발견할 수 있다.

 여덟 살 루이스는 가족과 함께 박물관을 방문했다. 이

또래의 아이들은 박물관보다 공룡에 훨씬 더 관심이 많지만 지금까지 부모와 함께한 여행은 항상 즐거웠기에 아무 불평 없이 흔쾌히 따라나섰다.

루이스는 박물관에서 미이라를 발견하고는 경이에 찬 눈빛으로 바라봤다. 루이스는 박물관을 관람하는 내내 나이에 어울리지 않게 어른스러운 모습을 보였다. 다른 관람객에 방해가 되지 않도록 조심했고, 전시품을 보관하는 창에 손도 대지 않았다.

루이스는 그런 자신과 부모의 모습을 주변에서 지켜보고 있다는 건 알아차리지 못했다. 사람들은 루이스의 행동을 보며 "어머, 쟤 좀 봐. 참 딱하다!", "부모가 얼마나 엄하게 했으면 어린애가 저렇게 행동할까!" 같은 말을 서로 속삭였다. 그리고는 루이스의 부모를 고리타분하고 보수적인 사람으로 여겼다. 그렇지만 어쩌면 사람들의 마음에는 약간의 질투가 숨어 있었을지도 모른다.

소신대로 자식을 가르치는 부모는 주변에서 종종 강압적인 부모로 오해받기도 한다. 이 시점에서 재차 반복하자면 교육 방식의 형태는 여기에 아무런 영향을 미치지 않는다. 부모는 아이가 우선 내가 아닌 독립적인 대상이라는 입장을 고수한 상태에서 격식 없이 다정한 교육 방식 혹은 매우 엄한 교육 방식 중 하나를 선택할 수 있다. 공생에 빠져든 부모도 마찬가지다. 공생 관계에서도 아이에게 계속 트집을 잡거나 반대로 아이에게 이 세상의 모든 자유를 허락한다. 하지만 공생의 문제점은 부모가 아이를 자신들과 동일선상에 놓고 결정하는 위험을 무릅쓴다는 것이다. 그 이후의 진행 방식은 또 다른 문제다.

여러 논쟁 중에서도 부모가 아이에게 단호한 태도를 보이는 데 가장 큰 어려움을 토로하는 건 디지털 미디어 활용에 관한 문제다.

얼마 전 동물원에서 다음과 같은 상황을 목격했다. 세 살 정도 되어 보이는 아이들이 커다란 수조 앞에 옹기종기 모여 유리에 손가락을 대고 이리저리 움직이고 있었다. 처음에는 영문을 몰랐지만 몇 초 후 강한 충격이 머리를 강타했다. 이 꼬마들은 손으로 유리창을 터치하면 물고기가 원하는 방향으로 움직일 거라 기대했던 것이다.

아이가 어려서부터 사각 프레임 안의 미디어 활용법을 제대로 익히지 못하면 행여 훗날 글로벌 고용 시장에서 뒤처질까 걱정하는 부모들이 매우 많다. 학교에서도 학생을 '디지털 원주민' 인재로 키우는 것을 의무로 생각한다. 이는 동반자 관계를 심화시키는 방식이다. 학교가 선택한 이상 그 길을 가로막는 걸림돌은 없다. 최근 일부 유치원에서는 교육 과정에 태블릿까지 도입했다.

지금은 거의 모든 아이들이 스마트폰·노트북·게임기 등을 사용하기 때문에 아직 직관과 소신을 따르는 부모가 유치원과 학교에서 디지털 기기 사용 반대 입장을 완강히 고수하기가 거의 불가능해졌다. 학급에서는 조직 운영과 관련된 사항과 필요한 정보를 교환하고 공유하는 그룹 채팅방을 만들고 일부 교사들은 숙제마저도 인터넷에 올린다.

규제 없는 인터넷 남용으로 아이의 정신 건강과 성장을 위협하는 경험을 원치 않는다면 힘들더라도 부모는 그 의견을 끝까지 관철해야만 한다. 무절제한 인터넷 사용은 다음과 같은 생각을 심어준다.

'나는 뭐든 다 알고, 전부 할 수 있다.'

'대인 관계도 원하는 대로 시작하고 끝낼 수 있다.'

'무엇이든 힘들어지면 게임처럼 포기하면 된다.'

아이에게는 정확한 가치 기준이 없기 때문에 뭐가 좋고 그른지 제대로 평가하지 못한다. 따라서 아이에게 제 나이에 맞는 올바른 인터넷 규칙을 규정해주는 어른의 개입이 절실하다. 청소년의 음주 및 흡연을 단속하는 청소년 보호

법처럼 어린이의 키보드와 터치 스크린 사용 시기를 정하는 규제도 필요하다.

잘못된 디지털 기기 사용으로 인한 여러 폐단을 부모가 충분히 인지했더라도 나이에 맞는 적절한 활용이 필요하다는 입장을 포기하지 않고 끝까지 고수하려면 엄청난 자의식과 인내심이 필요하다.

현재 루이스는 운동을 좋아하는 청소년으로 관심사도 다양하고 친구도 많다. 열한 번째 생일, 루이스의 삼촌은 부모와 상의하지 않고 즉흥적으로 스마트폰을 선물했다. 엄마는 이 상황을 그리 반기지 않았고 하루에 30분만 사용하기로 단단히 약속했다. 그렇지만 루이스는 어딜 가도 스마트폰을 챙겼다. 참다못한 부모가 스마트폰을 달라고 하자 루이스는 이렇게 말했다.

"지금 숙제를 하고 있었어요. 검색을 좀 더 해야 해요."

루이스는 점점 변했다. 운동에 대한 관심도 눈에 띄게 줄었고 방에 들어가 혼자 있는 시간이 점점 늘었다. 부모는 물론 친구들과의 소통도 현저히 줄었다. 그리고 눈에 띌 정도로 체중도 늘어났다. 부모는 이런 루이스의 변화를 걱정스러운 눈초리로 바라봤지만 도저히 어떻게 해야 할지 난감하기만 하다.

마침내 휴대폰을 쓰레기통에 던져버릴 정도로 엄마의 화는 극에 달했다. 엄마의 행동에 당황한 루이스는 어찌할 줄 몰라 소리를 고래고래 지르며 화를 냈다. 이 모습을 지켜본 아빠는 처음에 루이스 편을 들었다. 루이스에게 자신이 쓰던 스마트폰을 주고 새로 사겠다는 아빠의 제안을 엄마는 단칼에 거절했다. 루이스 엄마의 친구와 지인들도 루이스에게 스마트폰이 필요할 거라는 의견이 대다수였다. 그렇지만 엄마는 자신의 태도를 강경하게 고수했다. 어느 날 낙심한 손자의 모습에 할아버지, 할머니가 스마트폰을 사가지고 왔을 때조차 엄마는 고집을 꺾지 않았고 결국 할아버지와 할머니도 스마트폰을 다시 집으로 가져가야만 했다. 그렇게 몇 주가 흐르고 이제는 가족 모두가 이러한 단호한 엄마의 태도에 익숙해졌다.

루이스의 엄마는 스마트폰을 쓰레기통에 던져버린 이후 순식간에 변화된 아들의 모습에 아이 아빠가 얼마나 깜짝 놀랐는지 털어놓았다. 이제 루이스는 다시 부모와 자주 대화하고 운동도 다시 시작하면서 적절한 체중을 되찾았다. 이렇게 아이는 생기를 되찾았고 활기가 넘쳤다. 어려운 첫 관문을 넘고 나니 루이스를 한결같고 민첩하며 삶을 즐기는 소년으로 되돌리는 일은 한결 수월했다.

エピローグ

무엇과도 비교할 수 없는 기쁨

처음 이 책을 구상하기 시작한 2008년 무렵, 자녀와의 관계를 힘들어하는 부모들이 차츰 늘어나고 있는 상황에 무척 당혹했던 기억이 있다. 그때만 해도 나는 부모들이 아이와 동반자 관계에 빠져든 것이라고 진단했지만, 얼마 지나지 않아서는 부모가 아이를 중심으로 모든 것을 결정하는 투사 사례까지 나타나기 시작했다. 그로부터 몇 년쯤 더 지나자 공생 관계는 내 진료실에서 지극히 일상적인 사례로 자리 잡았다.

요즘 나에게 상담을 받으려고 방문한 부모들 중에서 자녀와 공생 관계에 빠져들지 않은 사례는 손에 꼽을 정도로 어렵다. 이런 부모들은 자신의 모든 행동을 "아이를 위해서"라고 항변하지만 사실은 자기 자신의 만족을 위해서 행동하며, 자녀가 자신의 욕구를 충족시켜줄 무언가가 되기를 기대한다. 당연하게도, 자녀 역시 이런 환경 속에서 자란 탓에 제대로 된 정신 발달 단계를 거치지 못한다.

루이스처럼 방치된 어린이와 청소년으로 넘쳐나는 미래를 원한다면 그냥 지금 해온 것처럼만 계속하면 된다. 그렇게 자녀를 작은 성인처럼 대할수록 부모는 자녀가 성장할 수 있는 기회를 하나씩 훔치는 것이다. 그와 반대로 벤처럼 자존감 높고 건강한 내면을 가진 아이로 키우려면 어른들이 먼저 발 벗고 나서서 해결책을 모색해야 한다. 이런 노력이 빠르면 빠를수록 아이들의 성장 환경도 훨씬 개선될 것이다. 그 순간부터 우리는 아이에게 나이와 정신에 걸맞은 진정한 어린 시절을 선사할 수 있다.

공생 관계에서 비롯된 속박감에서 일단 해방되고 나면, 나이에 걸맞은 정신 발달 수준으로 성장하도록 자녀를 인도해야 하는 부모의 임무를 제대로 수행하는 것이 비로소 가능해질 것이다. 지나친 부담과 막연한 걱정에서 벗어나고 싶은 어른들에게도 아주 간단한 해결책이 있다. 아이와 함께 있을 때는 스마트폰과 같은 디지털 기기가 아니라 오직 아이에게만 집중하면 된다. 아이와 진정으로 소통하는 기회는 그럴 때 마련된다. 그렇게 아이의 모습을 있는 그대로 바라보며 아이가 주는 기쁨과 행복을 다시금 느낄 수 있다. 바로 아이가 행복 그 자체며 삶의 의미다. 아이가 커가며 성인이 되는 과정을 곁에서 지켜보는 일이란 어디에도 견줄 수 없는, 참으로 큰 즐거움이기 때문이다.

PART 1 – 깨짐 주의! 유리로 된 아이

1   Bunmi Laditan, "Kinder Kindheit Magisch", *Huffingtonpost.* 〈http://www. huffingtonpost.de/bunmi-laditan/kinder-kindheit-magisch_b_5074431. html〉

2   "Nur jeder Vierte würde sein Kind alleine in den Park gehen lassen", Yougov. 〈https://yougov.de/news/2015/04/28/kinder-durfen-heute-weniger-als-fruher〉

3   "Immer mehr Kinder verhaltensauffällig", Weser Kurier, March 18, 2016. 〈http://www.weser-kurier.de/region/regionale-rundschau_artikel,-Immer-mehr-Kinder-verhaltensauffaellig-_arid,1337461.html〉; "Schon im Kindergarten dringend zum Therapeuten", *Kreis Zeitung*, March 18, 2016. 〈https://www.kreiszeitung.de/lokales/diepholz/syke-ort44535/politiker–erschrocken–drittel–kinder–betroffen–haelfte–nicht–schulfaehig–6221765.html〉

4   "Kindergärtnerinnen am Anschlag", *Neue Zürcher Zeitung*, February 21, 2016. 〈https://www.nzz.ch/nzzas/nzz-am-sonntag/schwierige-kinder-kindergaertnerinnen-am-anschlag-ld.5553〉

5   학생 각자의 역량에 기반한 교육에 대해서는 5장을 참고하라.

PART 2 – 갈팡질팡하는 어른들, 외로운 아이들

1   2016년 11월 21일에 도착한 메일 내용이다.

2   "Darum ist diese Schule die beste des Landes", *Spiegel Online*, June 8, 2016. 〈https://www.spiegel.de/lebenundlernen/schule/deutscher-schulpreis-geht-an-grundschule-jarle-in-niedersachsen-a-1096519.html〉

3   "Verbot von 'Schreiben nach Gehör'–Grundschulverband fordert Kretschmann auf: Schreiten Sie ein! Stoppen Sie die Kultusministerin!", *New-*

s4Teachers, December 20, 2016. 〈http://www.news4teachers.de/2016/12/verbot-von-schreiben-nach-gehoer-grundschulverband-fordert-kretschmann-auf-schreiten-sie-ein-stoppen-sie-die-kultusministerin〉

4   "Die neue Schlechtschreibung", *Spiegel Online*, June 17, 2013. 〈http://www.spiegel.de/spiegel/print/d-98091072.html〉

5   "ADHS: Kinder bekommen weniger Pillen", *Rhein Zeitung*, April 7, 2016. 〈https://www.rhein-zeitung.de/deutschland-und-welt/tagesthema_artikel,-adhs-kinder-bekommen-weniger-pillen-_arid,1467647.html〉

6   "Zurück zum Kerngeschäft", *Spiegel Online*, April 15, 2013. 〈http://www.spiegel.de/spiegel/print/d-92079461.html〉; "Schule kann mehr", *Zeit Online*, April 13, 2013. 〈https://www.zeit.de/2013/16/richard-david-precht-schule-bildungsreform〉

7   "Hattie-Rangliste: Einflussgrößen und Effekte in Bezug auf den Lernerfolg", *Visible Learning*. 〈https://visible-learning.org/de/hattie-rangliste-einflussgroessen-effekte-lernerfolg〉 138가지 항목 중 TV 시청, 기혼 여성 직업 훈련 등 부정적 영향을 미치는 다섯 가지 요인도 확인되었다.

8   National Health Service, "Adult Psychiatric Morbidity Survey 2014", *NHS digital*, September 29, 2016.

PART 3 — 우리 아이 내면을 단단하게 만드는 법

1   Tecmark, "Smartphone Habits", September, 2014. 이 설문조사는 영국 '테크마크(Tecmark)' 사에서 2000명의 스마트폰 사용자를 대상으로 실시했다.

2   "Vorlesen macht Familien stark", 2014. 이 연구는 2~8세 자녀를 둔 250명의 어머니와 250명의 아버지를 대상으로 실시했다.

3   Tecmark, "Smartphone Habits", September, 2014.

4   dscout, "Mobile Touches: A Study on Human and their Tech", 2016. 이 연구는 미국 모바일 앱 리서치 회사인 '디스카우트(dscout)' 사에 의해 수행되었다.

5   AVG Technologies, "The AVG 2015 Digital Diaries Executive Summary". 총 6100명을 인터뷰한 결과다.